KB119782

16
본격
한중일
세계사

본격 한중일 세계사

16 삼국간섭과 갑오개혁

초판 1쇄 발행 2023년 4월 5일
초판 2쇄 발행 2024년 8월 14일

지은이 굽시니스트
펴낸이 최순영

출판2 본부장 박태근
지적인 독자 팀장 송두나
편집 김광연
디자인 하은혜

펴낸곳 ㈜위즈덤하우스 **출판등록** 2000년 5월 23일 제13-1071호
주소 서울특별시 마포구 양화로 19 합정오피스빌딩 17층
전화 02) 2179-5600 **홈페이지** www.wisdomhouse.co.kr

ISBN 979-11-6812-607-7 04900
979-11-6220-324-8 (세트)

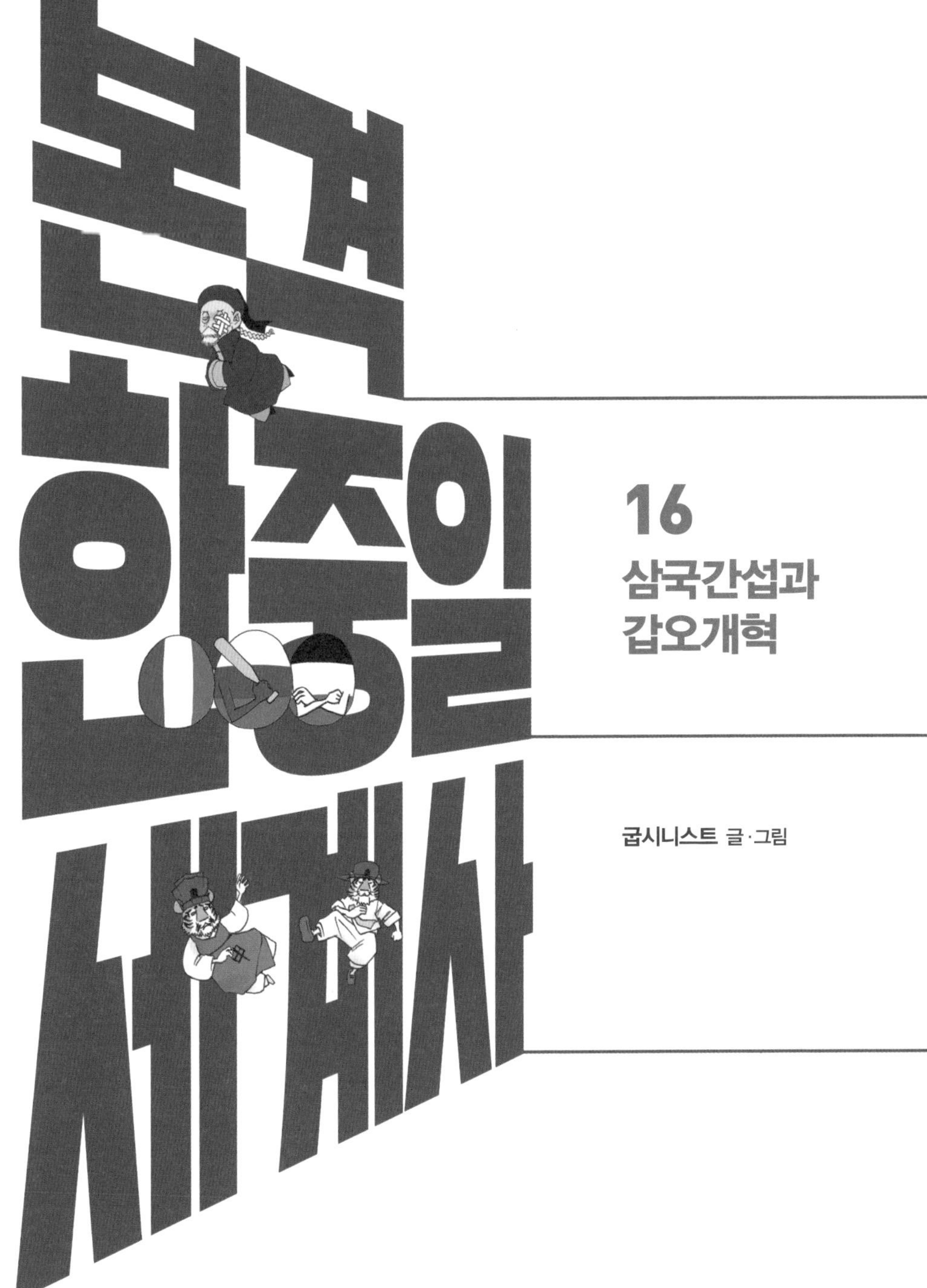
본격 한중일 세계사

16

삼국간섭과 갑오개혁

굽시니스트 글·그림

위즈덤하우스

머리말

오늘날 이 나라가 처한 궁지는 많은 이를 무력감에 빠뜨리고 있습니다. 사회는 서로에 대한 혐오로 잘게 분열되고, 경제는 그 동력을 잃어가고, 한반도의 북쪽 절반은 뭐라 표현해야 할지도 모르겠고, 지방은 무인 지대가 되어가고, 인구 통계는 이 나라가 곧 거대하고 어두운 양로원이 될 것임을- 그리고 결국 몇 세기 안에 소멸할 것임을 예고하고 있습니다. 이 나라는 결국 계속 존립해나갈 가치도 능력도 없는 실패 국가였다는 결말 확정인 걸까요. 선배들과 우리가 치열하게 몰두했던 모든 것이 결국 다 뻘짓이었고, 그저 이 나라의 실패로 향하는 길에 아스팔트 한 삽을 더한 것뿐이었을까요. 먼 훗날 역사책에 실패 국가 대한민국이 반면교사로 박제될 운명일까요.

이 책을 보고 계시는 독자분들이라면 아마 조선(1392~1910)을 실패 국가로 여기는 시각을 아시리라 여겨집니다. 고루한 사상과 체제에 집착하며 쇄국 끝에 근대화의 타이밍을 놓치고 옆 나라에 정복당해 패망했다는 실패 국가 서사. 사실 이런 시각이 우리나라에만 있는 건 아니지요. 어떤 중국인들은 청나라를 실패 국가로 여기고(그 광대한 영토를 물려줬는데도), 어떤 일본인들은 에도막부를 실패 체제로 여기고(쇄국했다고), 어떤 (사실은 대부분의) 베트남인들은 응우옌 왕조 월남을 실패 국가로 여기고, 어떤 독일인들은 제2제국을 실패 국가로 여기고, 어떤 러시아인들은 소련을 실패 국가로 여기고, 어떤 스코틀랜드인들은 스튜어트 왕조를 역사의 불운으로 여기고 등등… 여러 케이스가 있겠습니다.

뭐, 국가의 흥망사에 무슨 목적론적 성공과 실패를 논할 수 있겠습니까. 그저 세상이 바뀌는 과정에, 그간 켜켜이 쌓인 내외적 복선들의 중간 결산이 있을 뿐이겠지요.

면 훗날 History GPT가 그 복선들을 인과의 실로 엮어 흥망의 서사를 부여하겠지만, 그 복선들 속에서 허우적거리며 살아가는 우리는 그 서사를 알 수 없습니다. 미래의 역사 Chat 속에 우리의 포지션이 어떻게 될지에 대한 불안을 안고 살아가야 합니다. 이 때문에 깔끔하게 정리된 옛 역사를 들춰보며 '역사의 교훈'을 찾고, '역사는 반복된다'라고 끄덕이며, 탄탄하게 이어졌고 앞으로도 이어질 서사 구조에 두 발을 붙이고 싶어 합니다. 실로 그러할 수 있을까요. 사실 역사는 딱히 반복되지도 않고 뭔가 대단한 교훈을 주는 것 같지도 않다고 누가 그러던데, 그쪽이 더 맞는 말 같기도 합니다.

현실의 궁지를 벗어나는 데 역사 이야기가 크게 도움이 되지는 않을 것 같습니다만… 그저 이 책이 '19세기 말보다는 그래도 지금이 낫지'- 정도의 위안만 전해드릴 수 있어도 나무들에 미안함을 면할 수 있겠습니다. 먼 훗날 낯선 인공지능을 맞이해 쇠미한 일족의 늙은 잔당이 들려주는 잊힌 이야기에 몇 구 낄 수 있다면 더없이 족할 일입니다. 이야기가 전해지고 변주되며 계속 이어진다면 그 얼이 쉬이 꺼지지 않겠지요. 그렇게 굴러온 이야기들이 그 질량과 관성으로 다음 이야기들을 독려하고 재촉해 세상을 구한다는 이야기도 있을 수 있지 않을까- 작게 바라봅니다.

2023년 4월

굽시니스트

차례

머리말 004

제1장 접선 009
제2장 가보세 가보세 023
제3장 Cross the river 037
제4장 Port Arthur 051
제5장 to 곰나루 065
제6장 우금치 077
제7장 파랑새야 095
제8장 겨울 녹두 109
제9장 겨울 작전 123
제10장 End of 북양함대 137
제11장 봄, 종전을 향하여 151
제12장 시모노세키 회담 163
제13장 제국의 아침 179
제14장 갑오경장 193
제15장 트리플 겐세이 비기닝 209
제16장 삼국간섭 223
제17장 이노우에 차관 237
제18장 환국 249
제19장 불궤 263

주요 사건 및 인물 277

제 1 장

접선

9월 16일 평양성 전투의 승리와
9월 17일 황해해전의
승리 소식이 연이어 도착하며
열도는 환희의 도가니로.
일본사에 새로운
장이 열린다!!
지옥에 계신
히데요시 태합!
보고 계십니까!
번벌 정부!
믿고 있었다고!!

개전을 탐탁잖아 했던 천황도
히로시마 대본영에서 병사들의
무훈담을 기리는 시를 발표.
〈나팔의 울림〉
〈평양대첩〉
〈황해대첩〉
자, 그리고 이 시에 맞춰서
군가를 만들어보자고.
싱어송라이터
The Mage

유럽 왕실들
흉내 좀
내보자고요.

쇼켄 황후는
귀부인들과 함께
붕대 만들기 모임 개최.

흥분한 대본영은 확전 추진.

조선 땅에서 진행된 1막을
끝내고 이제 중국 본도로
진격해 2막을 진행한다!!

중국 땅에서 전과 확대!!
천 년에 한 번 오는 기회에
최대 이득을 노린다!!

조선의 1군은 전력을 보강한 후
압록강을 건너 육로로
지나 본토 진공!
압록강
1군
텐진
다롄
뤼순
평양
2군
연합함대
위해위
황해 제해권을 장악했으니
2군을 편성해 바닷길로
요동반도에 상륙시킨다!!
해군은 위해위의
북양함대 잔당을 일소!!

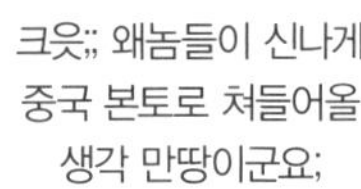
크읏;; 왜놈들이 신나게
중국 본토로 쳐들어올
생각 만땅이군요;

어;; 졌나?;;;
거 잘 좀 해보지;;

80개 영 3만 병력으로
압록강 북안에
방어선을 치도록 하고.
80개 영
의주
평양
뤼순
북양함대
위해위

북양함대는 남은 함선
보존을 위해 위해위에
짱박혀서 절대
나오지 말도록.

으음; 주력 함선들은
아직 건재한데…;

이렇게 평양과 황해에서 거둔
우리 군의 대승에는
물심양면으로 지원해주신
동맹국 조선의 도움도
적지 않다 하겠습니다. ㅎㅎ

……

……

**일본군의 승전보를 접한
임금 부부는 심기 불편.**

아오, 무능한 참깨놈들…;
왜놈들 천하가 되었으니 당분간 권력 되찾는 건 무리겠구먼…

**군국기무처의
개화파 대신들은 안도.**

청군이 이겨서 서울로 들어왔다면 우리 목 다 날아갔겠지;;
이제 마음 놓고 조국 근대화– 갑오개혁을 추진합시다.
이 갑오개혁 내용은 추후에 따로 다룹죠.

대원군은–

으음…
청군 패배로 계획이 많이 어그러지겠는데…
이 영감탱이는 또 무슨 음모를 꾸미고 있었던 것!!

**경복궁 점령으로 정권이 갈린 직후인 7월 말,
대원군은 일본 측에 곧바로 왕위 교체를 요구했고.**

인터넷 역덕 근대사 여론조사 결과 저 임금을 갈아 치웠어야 했다는 응답이 85%라고요.
새 임금은 우리 장손! 훨씬 똑똑하고 착한 준용이를 왕위에!

그렇게 임금 갈아 치우자는
얘기를 경복궁 점령 전에
일본인들과 했던 것
같은데~ㅎ
대원군의 장손
이준용

아니; 아니; 임금을 바꾸는 건,
임금이 도망가거나 하는
최악의 경우를
상정했던 거지요;;
하?
일본이 멋대로
조선 임금을 바꾸는 건
외교적으로나, 조선 국내
정치적으로나 무리수인지라;;

하, 그래, 뭐 그럼 일단…
저 요망한 며느리,
왕비 자리에서
쫓아내는 건
가능하겠지?
저 못된 것,
인기도 바닥이고
역사적 평판도
바닥이잖아.
헉?

····
어어어;; 저, 그게,
귀책사유 없는 이혼은
민법상 강제할 수
없는 법인지라;;
(이거 총대 맸다가
나중에 무슨
해코지를 당하라고;;)

크악!! 과연 이충무공 말씀대로,
'왜는 간사하여 신의를 지켰다는 말을 들어본 적이 없다'
–로구나!!
통수 하면 역시 족발이 통수!!!
왜놈들 앞잡이 노릇하는 군국기무처 대신놈들도 미워해주마!!
합하, 근대화 개혁 SNS 홍보 사업 결재 부탁드립니다~
그렇게 삐진 대원군은–
······
강국 국태공

군국기무처의 정책 추진에 지속적으로 태클 시전.
누굴 엿먹이려고 이딴 헛소리를 들이밀어?! 다 시말서 써 와!
강국 국태공

영감탱이, 또 뭔 사고 칠 궁리하네;;;
ㄷㄷㄷ
대원군의 앙심은 쉽게 사그라들 것이 아니었으니.
(이거 아무래도 판을 한번 엎어야겠다…)

대원군은 평양성 전투 직전까지
평양의 청군과 꾸준히 비밀 연락을
주고받고 있었고.

조선 정치 참 난해하다…
빨리 서울로 내려오셔서 왜놈들을 박살 내주십사~

동학농민군과의
제휴에도 관심.

저 동학당의 주장 중에, 대원위 합하께서 감국해 정권을 이끌도록 하라는 얘기도 있지 말입니다.
WIS DOM
동비! 그들은 누구인가?!
박동진
오, 꽤 개념찬 종교인들이구먼!

그렇게 동학과도
커넥션을 만들고.

녹두장군의 전주성 다큐3일 잘 봤다고 전해주시게.
송희옥

전봉준의 대외 연락 담당

그리하여 조만간 청군이 남하해
일본군과 결전을 벌이고.

그 와중에 남도의 동학군이
서울로 진격한다면
서울은 혼란에 빠질 것이고.

그 혼란을 틈타 대원군파
병력이 도성을 장악한다면!
통위영 병력이
제 휘하에 있으니
성공 100% 가능!

통위사 이준용

그렇게 불효자 임금 폐위!!
이준용 왕위 등극!!
군국기무처
친일파놈들도 다 숙청!!
젊고 박식한 새 임금이
(할아버지의 지도하에)
조선을 중흥으로
이끌 것이다!!

대원군이 그리 큰 그림을 구상하던 와중에 청군이 한반도에서 일패도지!

WIS DoM
日, 평양전투에 이어 황해해전 승리!
참깨놈들
개무능하네!!!
거기서
일자진을?!

어어;; 청군이 일본군을 상대하지 못한다면, 이 쿠데타 구상은 기본 조건부터 어그러지는데요;;
그냥 다 접고 일단 도련님은 외국 유학 나가 계시는 게 좋지 않을까요;;
박준양

아니, 남도의 동학군이 수십만이라니까요?! 청군 없어도 충분히 판 뒤집을 수 있습니다!!
…역사를 움직이는 민중의 힘을 믿고 진행해볼까…

그렇게 대원군과 이준용의 밀사가 호남으로 부지런히 내려가게 된 것.

전주 Junjoo 60Km
남원 Namwon 150Km
분기점 20Km
호남은 지금 동학당 천하라죠?
ㅇㅇ

6월 11일에 화약을 맺고 전주성에서
농민군이 나온 후

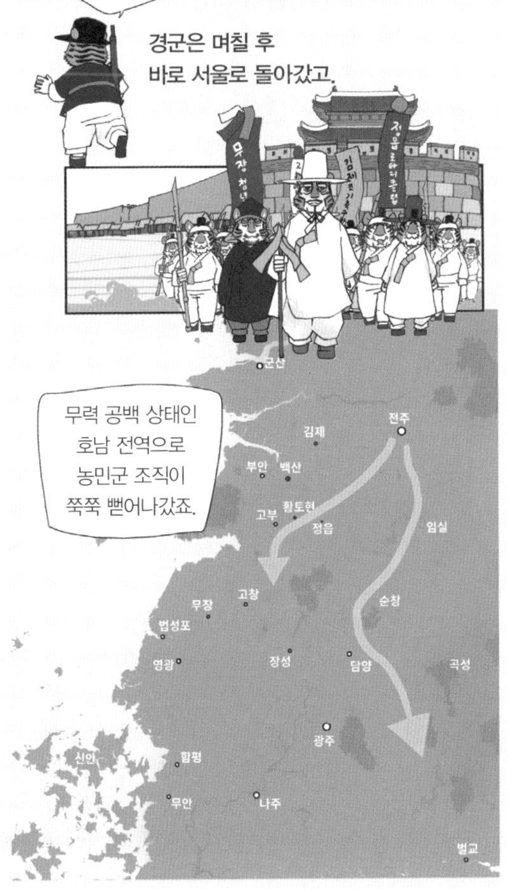

서울의 안위가
시급하다;;
경군은 며칠 후
바로 서울로 돌아갔고.
무력 공백 상태인
호남 전역으로
농민군 조직이
쭉쭉 뻗어나갔죠.
군산
김제
전주
부안
백산
고부
황토현
정읍
임실
고창
무장
법성포
순창
영광
장성
담양
곡성
광주
신안
함평
무안
나주
벌교

동비놈들,
메로나 사 왔나?
그렇게 고을마다
농민군 조직이 진입.
이 마을에도
폐정개혁을
실시 ㄱㄱ~!

동학도인 조직의 사무를 맡아보던 '집강'이
마을에 자리 잡고 폐정개혁을 지도하게 되었으니,
이것이 **'집강소'!!**
'집강'은 대충 교회 집사님 같은 거죠.

탐학한 관리, 수탈 쩌는 양반 지주를 벌하고,

노비 문서 불태우고,

오래된 빚들 탕감하고,
마을마다 집강소들이 저마다의 다양한 양상들로 세상 뒤집기를 실천 중이죠.

이에 대해 각 고을 수령들은–

그냥 방관하거나;;
도망가거나;;
읍성 문을 걸어 잠그고 동비놈들과 맞서 싸우거나!!

나주, 운봉 등지의 수령들이 거세게 저항했다.

이에 8월 6일, 전주에서 전라도 관찰사 김학진이
전봉준과 집강소 문제를 두고 회견.

일단 무장해제를 한다면
관에서 그쪽 일에
협조토록 하겠네.
ㅇㅋ!
그리고 여기 전주에
대도소를 두겠습니다.
(무장해제 안 함)

그렇게 '관민상화' 협약을 맺어 집강소 운영이
전라 감영의 공식적인 인정을 받게 된다.

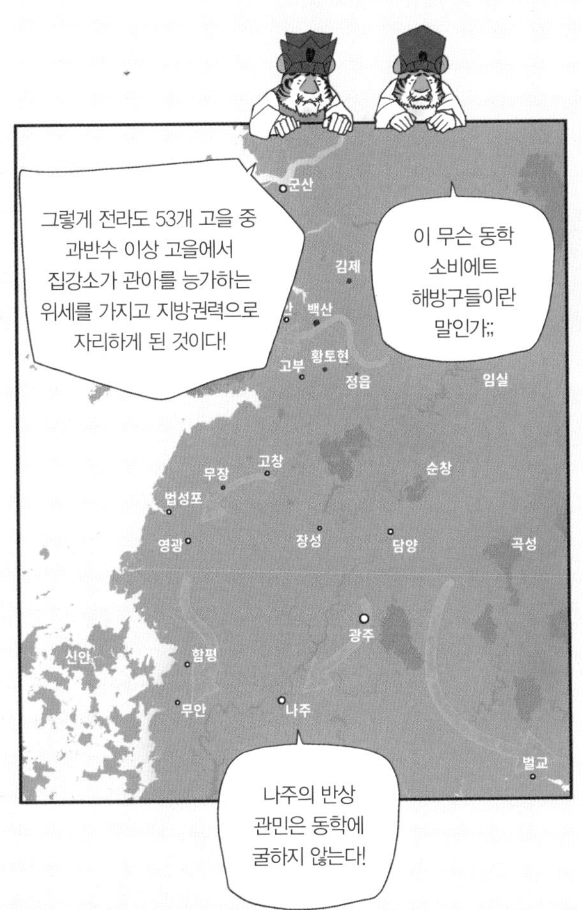
그렇게 전라도 53개 고을 중
과반수 이상 고을에서
집강소가 관아를 능가하는
위세를 가지고 지방권력으로
자리하게 된 것이다!
이 무슨 동학
소비에트
해방구들이란
말인가;;
군산
김제
백산
황토현
고부
정읍
임실
고창
무장
순창
법성포
영광
장성
담양
곡성
광주
신안
함평
무안
나주
벌교
나주의 반상
관민은 동학에
굴하지 않는다!

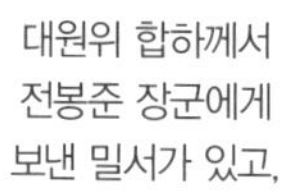

대원위 합하께서
전봉준 장군에게
보낸 밀서가 있고,

이준용 공이 김개남 장군에게
보내는 밀서가 따로 있는데…

남원 대도소
7Km
남원
5Km
추어탕 박물관
8Km

김개남軍의
남원 지역 지배는
조금 매운맛이랄까요…

김개남네는
일단 남원 부사
목부터 매달았고요.
헉;;
남원 부사
이용헌
(이었던 것)
농민의 적

이준용 공께서는 김개남 장군의
위명을 높이 평가하시며,
훗날 일을 이루는 데 중용하실
뜻을 내비치셨습니다.

……

시방, 이씨네 임금 따먹기 놀음에
백성을 장기말로 쓰려는 수작 보소?!!

이명복이고 이준용이고 간에
왕후장상 모가지는
프랑스대혁명 스타일로
다 날려부러야제!!

제 2 장

가보세 가보세

1894년 8~9월,
동학 남접의 지도자들은
각자의 세력권을 형성하고
집강소 지방 행정을 실시 中.
김제와 전주 대도소를 중심으로 전라도 북부를 관할하는 전봉준.
군산
김제
전주
부안
고부
정읍
임실
무장
고창
순창
남원
법성포
무장과 장성 대도소를 중심으로 전라도 서부를 관할하는 손화중.
장성
담양
남원 대도소를 중심으로 전라도 동부를 관할하는 김개남.
광주
무안
나주
벌교
나주를 중심으로 동학당에 대항하는 전라도 남부 수령들.

집강소의 구체적 운영 양상은
마을별로 천차만별이었는데,
대체로 집강과 지역 유지 의사원들이
모여 행정 안건들을 의결하고.
지주 아무개를 족칩시다. ○○
지역 관아의 서리들이 서기로 협력하기도 하죠.
서기가 문서를 작성하고.

집강소의 검찰-감사-정치 장교 역할을 하는
'성찰'들이 지역의 지주, 양반들의
죄상을 밝히고, 고발하고.

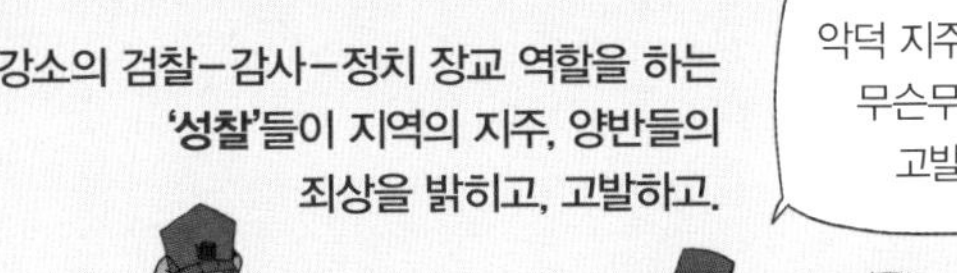
악덕 지주 아무개를
무슨무슨 죄로
고발한다!

집강소의 무력 요원인 **'포사'**들이
물리력을 휘두른다.

동네 건달 백수들이
완장 차고 행패
부리는구나;;

그리고
10대 초반 소년단인
'동몽'들이 선동꾼,
첩자 역할을 하며
분위기를 잡는다.

조리 있게
조리돌려드림!
악덕지주
새경체불
이거 완전
홍○병;;

집강소의 가장 큰 사업은
신분 제도 철폐로, 각지에서
노비 문서 소각이 이루어졌고.

근데, 이게 의외로
정부 시책에 부합하죠.
WiS DoM
노비 해방 조치
헐?!
이 즈음에
군국기무처에서
노비 제도 철폐를
발표했거든요.

양반, 상놈을 구분 짓는
모든 사회적·문화적 습속들을 다 깨부수고 있습니다.

신분에 따른
존댓말, 반말 혁파!
상놈 아무나 불러다
심부름시키기 혁파!
손찌검 혁파!
반상 신분 질서
양반 미만, 탕건
착용 금지 룰 혁파!
이제 무조건, 신분 고하를 막론하고
서로 맞절, 존댓말을 기본 예의로!
Hello~

이런 방향성이 오버해
나오게 된 것이 '늑혼'.

동학당에서 양반집 문가에
수건 하나 걸어두면, 그 집
딸래미는 동학당 총각에게
시집가야 한다는
강제 결혼 조치죠.
끄아아아악??!?
진정한 신분제 타파!
반상의 화학적
평등 결합!

이에 반가에서는 다급히 여식들을
아는 집으로 다 시집보내 1894년
가을 무렵이면 호남 전역에
열네 살을 넘긴 처녀 아이가 없었다고.

미친 동비 무지렁이한테
납치혼 당하느니
여덟 살짜리 신랑이 낫지;
뀨잉;

지역에 따라서는
양반 지주들을 목매달거나
자산을 강탈해 빈민들에게
다 뿌려버리는 일도.

특히 김개남軍
지배 지역에서.
RICE
무상 몰수
무상 분배!

하지만 전봉준이 관할하는 지역에서는
싼 가격으로나마 유상으로 지주들에게서
곡물을 매입했고.

첫.
이를 빈민들에게도
약간이나마 돈을 받고
유상으로 배분했죠.
₩
적게라도 돈이
왔다 갔다 해야 지역 경제가
돌아가지 말입니다.

이처럼 전봉준 쪽의 정책은
비교적 덜 래디컬하며
관과의 협조를 중시함.

무슨 볼셰비키 혁명
같은 거 하자는 게
아니니까, 다들
좋게 좋게 갑시다.
전라 감영도
전봉준 쪽에는
협조 중이죠.
뭣보다 어그로 끄는 걸
최대한 피해야 하니까요.

7월 29일 성환전투 때는
청군이 남쪽으로 도주해 오거나,
일본군이 남쪽으로 밀고
내려올까 봐 조마조마했지요;;
다행히 청군은 북으로 도망갔고,
일본군도 바로 서울로 돌아갔죠;
아무래도 우리 운명은
저 청일전쟁의 향배에
달린 것 같군요…

조선 8도 지방 각지의 수령들도
다들 청과 일본을 저울질하며
판세를 간 보고 있다.

민씨네 천하 끝장인지 대원군 천하 재림인지, 판단 잘해야죠…
언제 판세가 뒤집혀서 다시 청군이 서울에 들어올지 알 수 없는 일.
밀리터리 게시판 전황 분석글들을 계속 체크해줘야 함.

그리고 일본군이 경복궁을
점령하고 친일 꼭두각시 정권을
세운 건 사실이기 때문에-

…궁궐이 왜병에게 점거당해 임금이 사로잡히고 꼭두각시 정권이 들어섰는데,
이거, 근왕군 거병각 아님?

당연히 이에
분개하는
세력들도 있고.

전라 감영의 동학 협조 노선은
그런 배경 위에서 진행되는
측면도 있을 터.

향후 천하 판세가 어찌 돌아갈지 모르니 일단 이쪽에 우호 세력을 두는 게 당연한 선택.
민씨 쪽에서도 대원군 쪽에서도 다 콘택이 오죠;;

전라도 관찰사 김학진

일단 이 대원군-군국기무처 정권의 동학에 대한 입장은 기본적으로 해산을 강요하는 것.

거, 쓸데없는 짓거리들
그만두고 다 집에 돌아가
생업에 종사토록 하라~
효유문
정부 수반인 대원군의
동학 해산 효유문도
내려오죠.

(서울 올라오면
풀코스 쏨. ㅇㅇ)
그런 공식 입장 뒤편에서
대원군은 동학 지도자들에게
밀서를 보내며 동맹각을
보고 있음. ㅇㅇ

이 와중에 동학 북접은 **'남벌기'**를 발령, 충청도 남부에서 남접 농민군과 충돌해 사상자를 내고 있고.

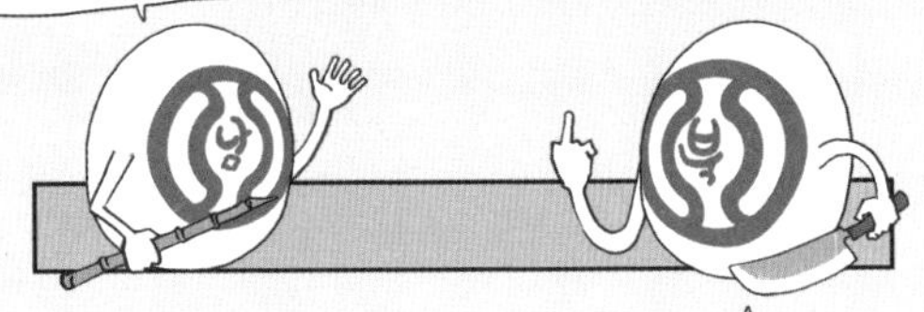
북접님들도 충청도에서
집강소 같이합시다~
남
북
충청도는 우리 나와바리다!!
이 이단 빨갱이놈들아!!

호남의 상황에 자극받은
타지역 농민 봉기들도 빈발.
황해도 해주!
강원도! 경상도!!
충청도!! 다 터진다!
경상도에서는
일본군의 경복궁 점령과
전신선 가설에 대한
반감으로 반일 봉기들도
터져 나오지요.

전라도 남쪽과 기타 지역에서
동학에 반대하는 보수파 의병-
민보군 거병.

저 간악한 동비놈들,
우리 손으로
쳐 죽이자!!

이리 복잡하게 꼬인
조선 천하 판세에서
봉기의 성과를 어떻게
지키고, 또 어떻게
이어나갈 것인가…
대원군
갑오파
민씨
갑신파

이리 심경 복잡한 와중에
대원군의 꼬드김은
꽤 솔깃할지도…

아, 조선 최고의 거물을
친추하라고~ㅎ
서울로 군사를
몰고 올라오라니…

임금의
밀사.
민씨네
밀사.
경상도
수령들 밀사.

사실 대원군뿐 아니라
온갖 세력 밀사들이
김제 원평의 데도소를
들락거렸죠.

그중에는
일본 손님들도 있었으니.

녹두장군의 명성은
이미 열도에도
자자합죠~ㅎ

청일전쟁 개전 직전 찾아온
부산 거류 낭인 대표인
천우협의 왜인들이 있고.

저희와 힘을
합쳐 서울로
진공하시죠!
어; 음;;
굳이…?

뭔가 좀 이상한
모험가들.

조선 왕조를 타도하고
레짐 체인지!
공화정을 수립하십시오!
파리 코뮌을
참고하셔야!!

실무적인 문제로
찾아온 왜인들도 있고.

거, 서울-부산
일본군 전신선 공사
방해하는 반일 폭도들
좀 자제시켜주세요!
아니; 그쪽 사람들은
나랑 모르는 사람들인데;

뭔가 다양한 부류의 왜인들이 다양한 개소리들을 하고 갔는데…

아마, 자유당 장사 계열 왜인들은 번벌 정부에 대한 반감이 있어서 일본 정부의 뜻과는 다른 방향성을 추구할 겁니다.

양갱

갑신정변 이래 뭔가 건수 찾는 자유당 장사들이 조선으로 건너와 조선 낭인이라 불리고 있다지요.

이건 뭐야?

이리 엉킨 상황은 결국 전쟁의 결착에 따라 깔끔하게 정리될 것인데…

그때 우리 호남 동학 정권의 명운은 어찌 갈릴 것인가.

일본이 청을 때려눕히고 깔끔하게 승리한다면…

이건 뭔, K-태평천국이냐?!

일본군에게 간단하게 말살당하는 결말 外에는 상상이 어렵다.

뽀직

그렇게 될 바에는…

대륙을 향해!!
만주 벌판 달려라!
요시쓰네 칸!!

일본군이 전선을 확대해,
그 주력이 중국 내륙 깊숙히 들어갈 경우…

으잉?!
그 틈을 노려 동학군이 서울을 장악하는 게 가능할지도?
아무리 일본군이 강하다 한들 저 광활한 대륙에서 전쟁질 하면서 조선까지 신경 쓰기 힘들겠지?

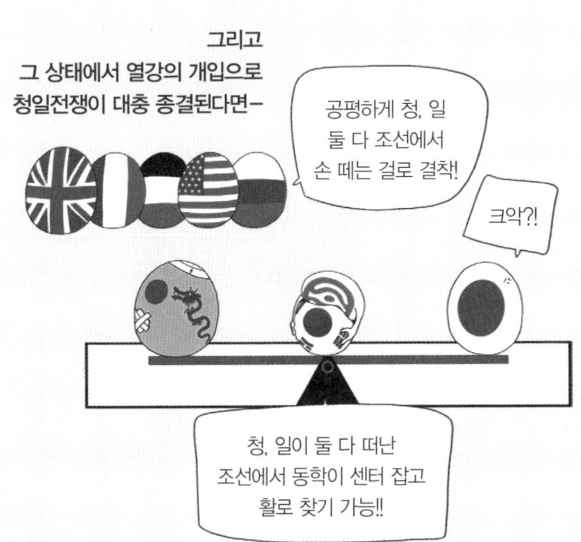
그리고 그 상태에서 열강의 개입으로 청일전쟁이 대충 종결된다면–
공평하게 청, 일 둘 다 조선에서 손 떼는 걸로 결착!
크악?!
청, 일이 둘 다 떠난 조선에서 동학이 센터 잡고 활로 찾기 가능!!

더군다나 서울에
병력과 자기 사람들이
득시글한 대원군이
서포트해준다는데.

아, 서울에 우리 애들이
다 세팅해놨으니까
대충 몸이랑 죽창만
챙겨 오면 된다네!

…이거 꽤
가능성 있는
그림일지도…?
가보세~ 가보세~
을미적 을미적
병신 되면
못 가리니~
올해 거병해야 한다는
참요도 돌고 있다.

갑오년(1894년)
을미년(1895년)
병신년(1896년)

1894년 10월,
전봉준 거병 선언.

왜적이 임금을 사로잡고
강토를 짓밟고 있다!!
근왕척왜의 깃발 아래
다 함께 서울로!!!
근왕척왜
의로운 백성은 모두
전라도 완주
삼례로 집결하시오!!

이 거병은 동학 차원을 넘어서
전라 감영과 지역 관아, 유림까지
지원하는 범호남 전역의 거병이었지요.
동비는 맘에
안 들지만
근왕척왜는
함께해야.

보은 대도소
전봉준은 북접에도
호응을 요청.
부디 교주님의 축원을
얻어 대업을 함께
도모하기를 바라옵니다.
헉;;
교주 최시형

아니, 우리가 무슨
황건적, 태평천국도 아니고,
종교인들이 어찌
전쟁을 치른단 말입니까;
정봉준은
근대 군대의 강함을
전혀 모르고 있어요!
아니, 저기,
종교인이 왜
현실적인 조건을
논해야 합니까.

한울님의 뜻이 함께하신다면,
능히 무력으로 천하에
덕을 펼칠 수도 있는 일!
손병희(33세)
이는 우리 교단에
천 년에 한 번 찾아올 천시!
콘스탄티누스 대제의
기독교 공인에 비할
종교적 찬스입니다!!

…ㅇㅇ!! 사실 나도 소싯적부터
무장봉기에 진심이었다네!!
남접과 뜻을 함께한다!!
대동원령을 발령하라!!!

북접 10만 병력(뻥)으로 호응!

아, 진짜,
이씨네 왕좌의 게임에
그만들 놀아나라고…
근왕은 개뿔,
느그 근왕 토크
좀 지겹네요.

남원의 김개남은
호응하지 않는다.

제 3 장

Cross the river

오라! 삼례로!!
가자! 서울로!!
Chuck 왜!
군산
삼례
전주
10월 한 달간 호남과 호서
각지의 거병 세력이
삼례로 집결,
수만의 세를 이룬다.
임실
무장
순창
남원
법성포

이 막대한 인원에 호남 감영이
전라도 전체 행정력을 총동원해
보급을 대주고 있고.
녹두 코인
올인!!
쌀

각지의 집강소들은
지주들에게서 군수미를
~~강탈~~ 기부받는다.

물표를 나눠 주고
나중에 다 따갚되
하겠습니다.
RICE
물표
.....

동학당 외에 호서 양반 유림들도
근왕척왜의 기치 아래 합류.

동학쟁이들이
괘씸하긴 하지만,
외계인이 쳐들어오면
다 같이 힘을 합쳐야죠.

공주 창의소
의병장 이유상

행군 시작 후, 논산에서 북접군과 남접군 합류.

북접
남접
직위 작명 센스 참
간지나는군요;

북접군 대통령 손병희

호남과 호서의 의로운
백성! 도인! 선비! 수령!
모두 힘을 합친 의병 10만이
서울로 진공해 왜놈들을 쫓아내고
임금을 모실 것이니!
의로운 군민은 모두 따르시오!!

10월 한 달간의 집결을 마치고
슬슬 북진 개시 시동.

첫눈이 오고 한강이 얼면
10만 대군이 바로 한강을
걸어서 건너와 서울을
들이친다는구먼!
어우; 지구 온난화 때문에
한강이 그리 쉽게 얼지
않을 텐데;;

동학 농민군의
북진 소문에
서울의 민심이
들썩이고.

–그렇게 동학당이 움직인다고 하니, 이를 진압할 병력을 속히 서울로 보내주길 바람.

오토리 공사는 본국에
이를 막을 병력 요청.

ㅇㅋ. 근데 1군과 2군 병력 주력은 중국 본토 진공 작전 중이니 본토에서 소집한 예비군 대대 보내드리겠습니다~

10월 말, 후비 보병 19독립대대 600여 명 조선行.

후비역: 대충 예비군
예비군 아저씨들은 역시 최전선이 아니라 후방 2선 임무로 가는군요.

근데 동학당과 대원군의 수작질은, 우리 공사관이 조선 정치판을 제대로 관리 못 해서 일이 저 지경까지 된 게 아닌가 싶소만…
오토리 씨, 구막부군 대장 시절에는 꽤 날렸던 양반인데…
ㅇㅇ! 오토리 공사 정도로는 조선 국정을 떡 주무르듯 주무를 수완이 부족함!!

아니; 이걸
내 탓을?!

일본이 조선을 보호국으로
삼기 충분할 만큼 전쟁 전황이
유리하게 진행되었으니…

좀 더 강력하게 조선 국정을
컨트롤할 수 있는 거물 공사를
파견해야 합니다!

원훈 레벨에서 차출!

이노우에 가오루 공을
조선 공사로 파견!!

흠흠,
조선 정치 돌아가는
꼬라지는 내가 좀 알죠.

**1894년 10월 26일, 특명 전권공사
이노우에 가오루가 서울에 도착하고.**

근데 이노우에 공은
번벌 정치 원훈
탑 티어인데
총리 한번 안 하시오?

아, 예, 뭐,
우리 주상께서 저를 별로
안 좋아하셔서요…

일단, 조선 內 병력이
기존에 남겨둔 병력 2천 명에
이번에 새로 온 600명까지,
대충 2600명 정도 되는데.
19대대장
미나미 고시로 소좌
서울, 부산, 인천, 평양 지키고,
서울-부산 간 전신선 가설 및
경비 병력 빼고, 나머지로
동비 토벌군을 꾸려보도록.
옙!

그리고
첩보에 따르면 대원군이
동학농민군의 북진에 발맞춰
서울에서 난리를 터뜨릴 음모를
꾸미고 있다는데요.
아, 예.
미친 노인네가
이제는
숨기지도 않죠.
일단 요인 암살 계획
첩보가 있으니, 경호를
늘리도록 합시다.

조선 경무청과 협력해서
정부 요인 경호 및
음모자 사전 검거에
진력하도록!
신정부의 개혁 조치로
포도청을 대체해 생긴
경무청.
맡겨주십쇼!
경무사 허진
경무청 고문
다케히사 가쓰조

-그렇게 수사망이
좁혀오고 있고;;

동학당의 서울 진공에
맞춰서 일을 진행해야
할 건데…
WiS DoM
동학당 삼례 집결!
저놈들은 겨울 되어서야
서울에 도달할 거라는데요;

…에잇!! 더 기다릴 것 없이
바로 지르자!!
군국기무처의 친일 개화파
매국노놈들을 싹 다 처단하라!!

10월 말, 대원군의 자객들이 행동 개시.

10월 31일, 법무아문
협판 김학우 피살!

죽어라!
친일 매국노!!
컥, 그건 좀
억까인데;;

하지만 경무청의 사전 검속과
요인 경호 강화로 그 이상의
피해는 막을 수 있었다.
아싸시노!!
경무청,
일한다!!
큿; 포도청놈들이
룩만 바꿔 입고
잘난 척을;;

김협판의 피살이
더 큰 음모의
일부일 수 있다는
우려에 따라 경무청은-
이런!
박정양, 김가진, 안경수
다 놓쳤단 말이냐;;
WiS DoM 김학우 법무 협판 피살
대원위 합하께
용건 여쭙나이다~!

저희 공사님께서 대감을
공사관으로 ~~호출~~ 초대하셨으니
바로 뫼시도록 하겠습니다.
어, 음;;;

뭐, 까놓고 말씀드리옵건대,
합하의 음모는 걍
다 망했고요.

합하와 이준용 공이
일련의 암살과 난동을
계획, 지시했다는 증언과
증거물이 확보되었습니다.

그래서, 뭐! 임금의 아비를
건드려서 조선 정국을 혼돈의
개판으로 만들 셈이냐?!

……
대원군께서야
늘상 하던 대로
대원군 짓하신거니
임금께서도 그러려니
하시겠지만…

이 왕위 찬탈 음모의 주동자인
이준용 공을 임금께서
용서하실는지 어떨는지…
……
그러고 보니 임금께선
이복형도 죽이셨다지요?
그러면 조카 정도야 뭐…

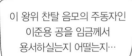

ㅅ#@ 족바리놈아;;;
우리 손자는
살려주시게.
준용이 목숨을 보장한다면
내 바로 짜져드리리다.
관 뚜껑 덮을 때까지
숨만 쉬며 살겠네.;;;

올ㅋ?
아빠 어디 가?
그렇게 11월, 대원군과 이준용,
대원군 라인 모두 실각.
• • •
다음 턴
두고 보자…
(다음 내각 발표는 12월 17일)

대원위 합하 퇴진!
권력의 향방은 어디로?
대군주 폐하 만세!
WiS DoM
대원군 실각
서울에서 내응하기로
했던 대원군이
먼저 망했다;;;

이러면 좀 에바죠;;
서울의 동맹 없이
우리가 일본군과
관군 다 상대할 수
있을는지;;
대원군 세력이야
어차피 그냥 정치적
의미만 중요한 거였을 뿐!
전력 자체는 크게
변한 거 없습니다!

일본군 주력은 어차피 다 중국으로 몰려가 있고.
조선 땅의 일본군 2천 남짓도 각지에 분산 배치되어 있으니!
실제로 우리가 상대할 일본군은 수백 규모일 테!
중국 갔던 일본군 주력이 회군해 오면 어떡함?;;

일본군 주력은 이미 압록강을 건넜으니 회군 못 함!! 회군하려면 위화도에서 회군하는 게 국룰!!

단둥

뤼순

다롄

1894년 10월 24일,
청일전쟁 페이즈 2 돌입!!
무대는 중국 본토로!

1894년 10월 24일,
의주의 일본 1군 병력 2만
압록강 도하! 전안구 점령!!
전안구
위화도
압록강 방어를
맡은 송경,
교전을 피하고
내륙으로 후퇴!

이어서 10월 26일,
단둥 점령!
숟가락 얹으려고
1군 사령관 맡아
날아온 야마가타.
이대로 만주족의
고도 선양까지
진격한다!!
선양
(심양, 봉천)
베이징
텐진
다롄
뤼순
1군
단둥
평양
2군

같은 시각, 2군의 2만 병력도 요동반도에 상륙작전 개시.

10월 24일, 2군 1사단
요동반도 좡허에 상륙!

젖은 팬티는
뤼순에서
말린다!

좡허
피코우
진저우
다롄
뤼순

10월 28일,
피코우 점령.

이제 진저우를 들이치면 요동반도의 두 눈알, 뤼순-다롄을 손아귀에 두게 된다!!
2군 사령관 오야마 이와오

도움!!
다롄의 병력 좀
움직여주세요!!
진저우에서는
다롄에 Help 콜.
역사상 왜구가
요동을 들이친
일이 있던가?!
진저우의 팔기군 500명
지휘관 연순
진저우 방면 수비 사령관
서방도

응, 우리 병력
1만도 안 됨.
가봤자 어차피 짐.
다롄-뤼순 수비 사령관
조회업
뤼순에서 배 타고
도망쳐야 함.
덩케르크처럼!

제 4 장

Port Arthur

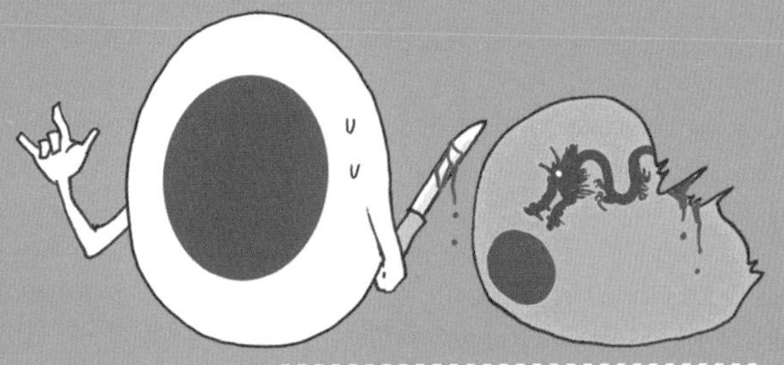

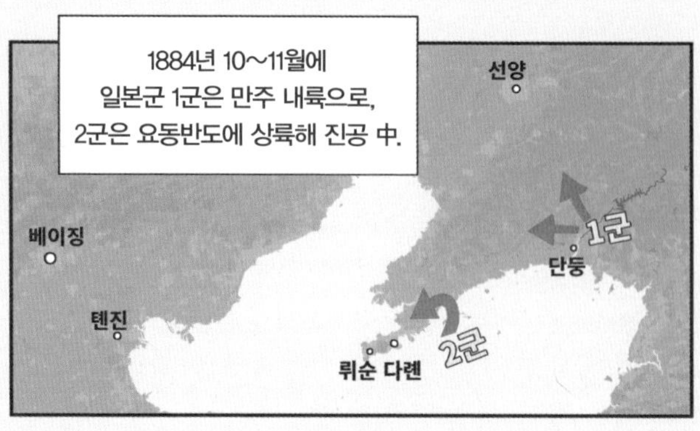
1884년 10~11월에
일본군 1군은 만주 내륙으로,
2군은 요동반도에 상륙해 진공 中.
선양
베이징
1군
단둥
톈진
2군
뤼순 다롄

1사단과 2사단으로 이루어진 **2군**.
2군 사령관 **오야마 이와오 대장**
1사단장 **야마지 모토하루 중장**
(막말 도바-후시미 전투 참전자)
우리가 1군 1진이다!
1사단의 1여단장
노기 마레스케 소장
6사단 12여단장
하세가와 요시미치 소장
(훗날 조선 총독)
피코우
1군 1진
진저우
다롄
뤼순

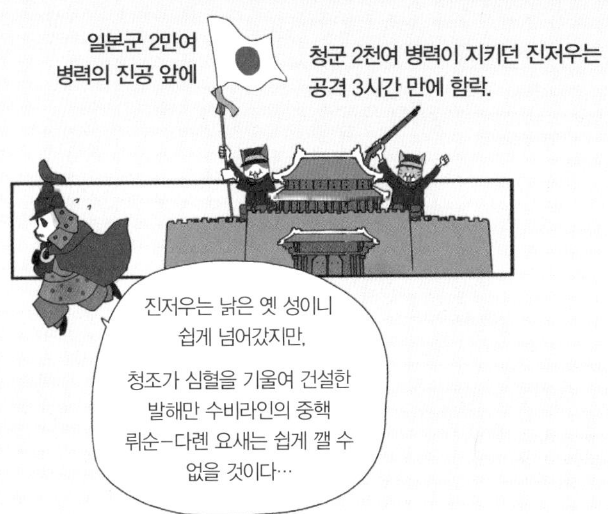
일본군 2만여
병력의 진공 앞에
청군 2천여 병력이 지키던 진저우는
공격 3시간 만에 함락.
진저우는 낡은 옛 성이니
쉽게 넘어갔지만,
청조가 심혈을 기울여 건설한
발해만 수비라인의 중핵
뤼순-다롄 요새는 쉽게 깰 수
없을 것이다…

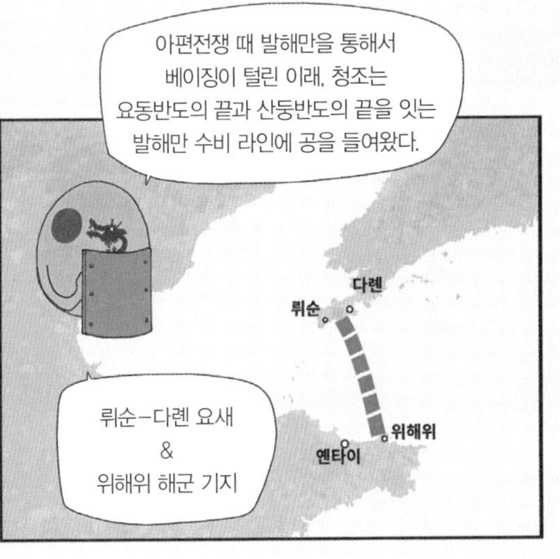
아편전쟁 때 발해만을 통해서
베이징이 털린 이래, 청조는
요동반도의 끝과 산둥반도의 끝을 잇는
발해만 수비 라인에 공을 들여왔다.
다롄
뤼순
위해위
옌타이
뤼순-다롄 요새
&
위해위 해군 기지

1870~1880년대 뤼순,
다롄, 위해위에 현대적인
요새 건설이 진행되고.
세계 제일
독일 테크놀로지로!
20년에 걸친
장기 프로젝트였죠.

뤼순, 다롄의 시멘트 포대
요새들이 1890년 완공.
북양함대와 연계!
청 수도권 해양 방어의
마지노선!

이 최첨단 다롄 요새를
굳건히 지킨다면!
왜놈들은 콘크리트 벽에
꼴아박고 다 빠그라질 겁니다!
음…

다롄-뤼순 수비 사령관
조회업

지역 팔기군 지휘관
연순

11월 7일 새벽,
일본군이
다롄 요새 공격을
시작했을 때-

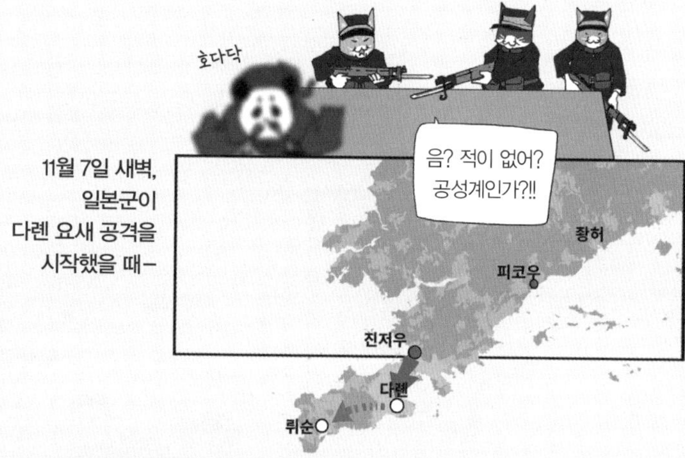
호다닥
음? 적이 없어?
공성계인가?!!
황허
피코우
진저우
다롄
뤼순

일본군의 공격 직전, 조회업은 다롄의
수비대 3천과 함께 뤼순으로 튄다.

다롄
못 이김.
빠른 ㅌㅌ.
뤼순

그렇게
일본군은 다롄 요새에
무혈입성하게 되고,

와; 대포 120문,
포탄 250만 발을 그냥
쌩으로 다 버리고 갔네;;
그보다 다롄, 뤼순 항구의
기뢰 배치도를 주운 게
더 큰 이득임. ㅇㅇ

뤼순 요새에는 기존 병력 8천에 조희업이 다롄에서 데려온 병력을 합쳐, 약 1만 2천의 병력이 모이게 되고.

요동반도의 잡다한 부대들이 모두 집결한 뤼순에는 지휘서열 불명확한 장군들이 득시글.

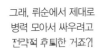

그래, 뤼순에서 제대로 병력 모아서 싸우려고 전략적 후퇴한 거죠?!
황사림 연순 위여성 강계제 공조여 etc
아오, 이 콩가루 군대 가지고 무슨 전쟁을 하겠다고;;

이 철옹성 뤼순 요새에서 어찌 우리 군사 1만 2천으로 적 2만을 막지 못하겠습니까?!
아니, 뤼순항을 통해 어떻게든 바닷길로 보급받고 왔다 갔다 할 수 있으면 모르겠는데…
황허
피코우
진저우
다롄
뤼순
뤼순 앞바다 제해권을 일본이 쥐고 있다고!!
일본 함대

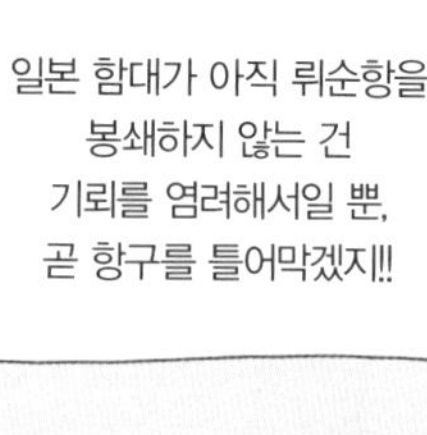
일본 함대가 아직 뤼순항을
봉쇄하지 않는 건
기뢰를 염려해서일 뿐,
곧 항구를 틀어막겠지!!

이 상황에서 위해위의 우리 북양함대가
뤼순에 도움을 줄 수 있나?!
다롄
뤼순
위해위
옌타이

Absolutely not!
북양함대는 황해해전 이후
이홍장의 강력한 출동 불가
방침으로 위해위에
묶인 상태!

(어차피 전쟁 질 거라면,
함대 온존한 채로 지는 편이,
함대 다 잃고 지는 편보다
훨씬 낫지. ㅇㅇ)

So, 나님은 일본놈들이
항구 봉쇄하기
전에 ㅌㅌ 할라오.

됭케르크 철수 작전을
욕하는 사람은
없잖슴?

11월 19일,
조회업과 기타 등등 장수들이
배편을 통해 옌타이로 탈주.

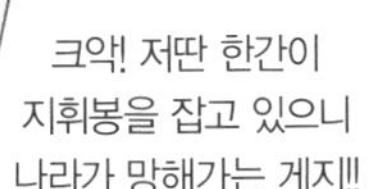
크악! 저딴 한간이
지휘봉을 잡고 있으니
나라가 망해가는 게지!!

하지만 1만 이상의 병력과 장수들이
뤼순 요새에 남아 일본군에 맞선다.

아오, 뤼순 요새 잘만 지키면
일본놈들 크게 엿먹일 수
있을 것 같은 느낌 오는데!!

ㄴㄴ, 그건 그냥
느낌적 망상이야~

11월 20일, 일본군은
뤼순 요새 주변 고지들을
일거에 모두 들이쳐 따내고.

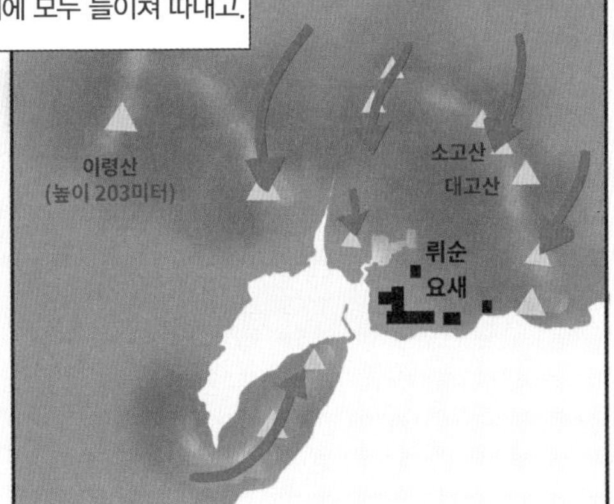
이령산
(높이 203미터)
소고산
대고산
뤼순
요새

11월 21일 아침 7시,
감제고지들에서
뤼순 요새를 굽어보며
일제 포격 개시.

쿠구궁

이어서 돌격병들이 요새 벽을
타고 올라가 포대들을 점령.

근대식 요새는 벽 경사가 완만해서 타고 오르기 쉽군요!
ㅌㅌㅌ;

그렇게 11월 21일 오후, 1사단이
뤼순 요새의 全 포대 점거 완료!!

ez~!
오늘 저녁은 떡뤼(튀)순이다!!

일본군 사상자 288명(전사 40명),
청군 사상자는 7천 명 추정.

이후 이틀에
걸쳐 뤼순 시가지에 대한
점령이 이뤄지는 동안
뤼순을 빠져나가는 배에
피란민들이 가득했으니.

으어어; 빨리 튀어야 함;;
전투 끝났으니 굳이 피란 안 가도 되는 거 아님?

무고한 민간인 참깨는 죽은 참깨뿐.
도망 못 가면 뤼순에서 왜놈들한테 모조리 끔살당한다고요!!
아니, 뭔 뜬금 민간인 학살이여?!

이게, 뤼순 점령 며칠 전
진저우 전투 때,
일본군 정찰대 몇 명이 청군에게
포로로 잡혔는데.

ㅇㅇ. 참수.
뭔 전쟁 포로를 묻지도 따지지도 않고 목을 치나?!
아니, 왜놈들도 평양성 전투 때 청군 포로들 다 목 쳤잖슴.

끄아아아?!
신체 여기저기– 성기 포함 다 잘려서 그 훼손도가 처참.
어;; 전근대 중국에는 처형당한 시신 일부를 기념품으로 챙기는 악습이 있었던지라;;
딱히 크게 악의가 있어서라기보다는;

진저우 점령 후,
그렇게 처형당한
일본병들의
시신이 발견되고.

제군!! 전우의 제삿상을 적들의 수급으로 가득 채워 그 한을 달랠지어다!!!

이리 감정적으로
격앙된 분위기가
조성되고.

청군 병사들이
군복 벗어 던지고
민가에 숨어들어 있다!!
싹 다 잡아내주마!!!

**변복하고 민가로 숨어든
청군 병사들을
잡는다는 명목하에-**

아니, 말도 안 통하는데
청군 병사인지,
민간인인지
어떻게 구분함?!
간단하게,
성인 남성은 전부 변복하고
도망간 청군 병사로
간주해서 즉결 처형!!
군복 벗고 위장한
병사는 국제법으로
보호받지 못한다!
아니, 민간인이라고
미친 족바리야!!

그리고 그 집 거주민들은
군정사령관의 명령을 어기고
청군 병사를 은닉해준 죄로
가족 모두 즉결 처형!!
아니;; 우리 집
큰아들이라니까?!

대충, 그렇게 분노와 혐오,
어거지 소탕 작전의 명분이
주어지면 상황은 아주 쉽게
학살극으로 치닫는 거죠.

그렇게 뤼순 거리가 사흘간 피로 물들고.

어휴, 누가 보면
내가 다 이런 줄
알겠네…;

끄아아아아악?!?!?!?
Oops;

뤼순에서 일본군이
민간인 **6만 명** 학살!!
(다소 과장된 수치)

미국과 영국 기자들에 의해
뤼순학살의 참상이 세계에 알려지고.

헐킈?!?

《타임스》《뉴욕월드》
코웬 크릴먼

와; 일본놈들,
자기 배때지뿐 아니라
남의 배때지도
잘 따는구나;;
아무리 양복 입고
문명인 흉내 내도,
똥양 야만인의 미개한
잔학함은 어쩔 수 없는 듯;
ㅎㄷㄷㄷㄷ;;

으아아아아;
이쪽 언론 난리 났음요!
뉴스 빨리 켜보셈;;

아놔;; 전투
잘 이겨놓고
이 무슨 지뢰란
말인가;;

췟,
위선 쩌는
양놈들…

WiS DoM 뤼순 대학살! 6만명 피살?!

전쟁 마무리에 있어서의 외교적
여론전에 악영향을 끼칠 악재!

그리고 각국과의 영사 재판권
회수 협상이 진행 中인데
그거에 영향이 있을지도;;

어떻게 유감 표명하고
진상 조사 어쩌고
시늉이라도 해볼까나;;

NOOOOOOp!!

이런 건 조금이라도
숙이고 들어가는 순간
유죄 확정임!!!

절대! 무조건 100%
부인해야 함!!

청군의 변복 게릴라화가 문제!
죽은 건 거의 다 청군 병사들뿐!
주민들은 이미 전투 전에 다 피란!
도망 안 간 놈들은 게릴라!
일본군 포로에 대한 끔찍한 처형!
일본군 군기 엄정!
청군 포로 300여 명은 잘 대우해줌!

외무대신 무쓰는
직접 미국 신문에
입장문 전달.

日 정부

WiS DoM 日외무상, 가짜뉴스 좌시 않을 것

오, 꿀리는 게
없어 보이는 강경함인데?

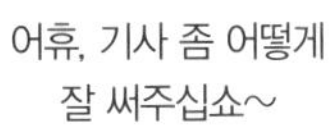
어휴, 기사 좀 어떻게 잘 써주십쇼~

더불어 미국과 유럽에서의
언론, 로비 공작 진행.

하잇! 일뽕일뽕!
물타기
옛날 그 지볼트의 아들 알렉산더 지볼트가 유럽에서 로비스트로 활약한다.

일본 입장을 대변하는 측에서는
《뉴욕 월드》 최초 보도에서의
사망자 수 과장을 꼬투리 잡아
실체적 진실의 규명을
시비의 흙탕물 속에 처넣었고.

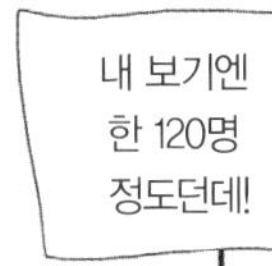
내 보기엔 한 120명 정도던데!

아니, 뤼순학살 사망자가 6만 명이라는 게 상식적으로 말이 되나?!

(실제로는 약 2천~2만 정도로 추정)

저 《뉴욕 월드》 놈들은 조회수 장사에 눈이 멀어서 과장 호들갑 기사로 세상을 홀리는 황색 기레기!!
어이쿠, 《해럴드》 놈들, 일본 돈 얼마 받아 처먹고 그리 기사 쓰누?

상황은
언론의 선정성 경쟁,
황색 저널리즘 문제로
오도되어간다.

아, 뤼순 따인 거 쪽팔리니까 더 거론하지 말자고. ㅇㅇ

중국 정부는 이를 가지고
국제사회에서
여론전을 펼칠
의지도 능력도 없었다.

결국 뤼순학살 사건은
대충 흐지부지行.

(뭐, 열강 중에 저런 범죄 시비에서 자유로운 놈이 있겠냐마는…)
(사실 중국인 생명은 별로 안 중요하지. ㅇㅇ)
하하, 모두 자포니즘 좋아하시죠~! 위아부~!

BUT,
이 사건은 서양인들 마음속에 전쟁범죄 상습범 일본의
이미지를 역사상 최초로 각인시킨 사건이 된다.

……
저거, 빌런 느낌 쩌는데…

제 5 장

to 곰나루

1894년 11월.
일본군 2군은 뤼순, 1군은 안산까지 점령. 요동반도를 위아래로 감싸 안는 형세를 이룬다.
선양
안산
1군
베이징
단둥
톈진
2군
뤼순 다롄

이 기세로 바로 톈진 상륙! 베이징으로 진격! 으아! 겨땀 찬다!!

이에 흥분한 야마가타가 과감한 결전 작전을 주장.

무리! 각하! 좀 진정하십쇼!

대본영의 가와바타에게 바로 기각당한다.

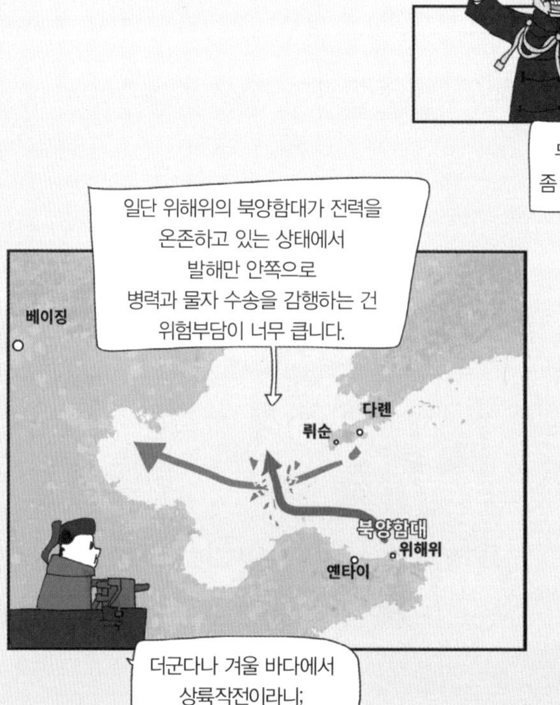
일단 위해위의 북양함대가 전력을 온존하고 있는 상태에서 발해만 안쪽으로 병력과 물자 수송을 감행하는 건 위험부담이 너무 큽니다.
베이징
다롄
뤼순
북양함대
위해위
옌타이
더군다나 겨울 바다에서 상륙작전이라니; 절레절레~

슬슬 12월이 다가오니,
만주는 이미
겨울입니다!

또한 요동반도에서는 아직 송경이 3만 군세로 뤼순-다롄 전구를 위협하고 있고.

끄악!
일부 부대에서는
이미 동상 환자도
발생했다고요!

So,
일단 전쟁의 2막은 이쯤까지로 하고
숙영지에서 난로 끼고 겨울을 난 다음
3막을 진행하기로 하죠.
대륙 북방의 겨울은
일본인들에게
너무 가혹한 것.

Meanwhile 베이징에서는-

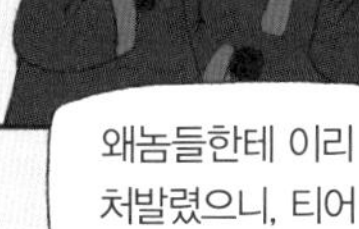
와; 뤼순까지
따였누;;
이홍장이 열심히
양무운동 했다는
결과가 이거?
……
왜놈들한테 이리
처발렸으니, 티어
개떡락인데;;

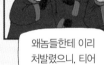

하; 이 전쟁
가망 없는 거
맞죠?
…소신의 목을
쳐주시옵소서;;

뭐… 어떻게든 이제
이 개판 수습하고
전쟁 끝내야 할 터.
그걸 맡길
적임자가 있죠.

도련님~ 마무리 잘 좀
부탁드려요~
2차 아편전쟁 때도
해봤으니 잘하시겠죠~

…
이 꼴 안 보고
일찍 죽길
다행이네.
형님,
화이팅~
1894년 11월, 공친왕이
총리 군기대신으로 복귀.
황제의 아버지
순친왕은
3년 전에 사망.

…뭐, 그냥 개발렸군요.
왜놈들한테 베이징
털리는 꼴 보기 전에 빨리
강화나 추진합시다.
황제가 베이징에서
튀는 꼴, 내 생에
두 번은 못 보오.
예;;
그;; 알아보고
있사옵니다만…;
왜놈들에게
굴욕적인 강화 조건을
강요받게 된다면,
조야의 여론이 무시무시하게
들고일어나 전하께도
악플 테러가…

거, 나야 어차피 그리 까이기 위한 몸빵으로 등판한 패전 처리 투수고.
대감도 어차피 화끈하게 까이고 옷 벗을 거잖슴?
…예… 뭐…;;

정말 내·외조 전체가 숙청당해도 할 말 없는 패전이 될 것이기에…
그렇게 패전의 충격을 동력 삼아 폐하께서 낡은 적폐 권력 구조를 싹 쓸어버릴 기회를 잡으실 수도…

그러니 이 난리부터 빨리 정리해드려야겠소.
우선은 열강의 중재를 타진해봐야겠지요.
…예, 전하. 일단 영국부터…

아이고! 파크스 공 살아 계셨다면 이 꼴 안 봤을 것을!
만주 전체를 러시아에 넘기는 꼴 보기 전에 빨리 강화 중재해주쇼!!!
허; 이리 쉽게 처발리실 줄은 미처 몰랐다고요;
駐청 영국 공사 오코너

1894년 10월부터
영국, 미국, 이탈리아의
강화 중재 권고가
일본에 속속 도달.

거,
적당히 좀 합시다?
중국은 너네
샌드백이 아니라
모두의 먹거리라고요.

뜬금
이탈리아?;;

하! 미쳤다고 지금 강화를?!
이 천재일우의 기회에
최대한 뜯어낼 수 있도록
어떻게든 전과를 확대해야!
…상황 유리해지니까
솔직한 욕망이
드러나는군요.

아, 그리고 이 전쟁의
근본 원인이었던 조선
동학당 난리도 이제
클라이맥스인 모양입니다.
아, 그런 게
있었지.
동학당 대장 이름이
전… 봉준… 호였나?
암튼 어떻게 되었지?
영화감독
이었나?

1894년 가을, 익산 삼례에
집결한 동농민군은
병력과 물자를 모은 뒤
전봉준軍 1만을 선봉으로
북상 시작!

아산
천안
오송역
청주
보은
공주
금강
계룡산
성심당
논산
북접군
구미
양호창의원수
남접군
삼례
전주
대구

논산에서 북접군과 합류한 전봉준은
스스로 양호창의 원수를 칭합니다.

호남, 호서- 양호의
의병 원수라고요.

이에 김홍집 내각은
장위영 등의 병력 3200명으로
양호도순무영을 구성,
공주로 내려보내고.

저것들 서울 올라오면,
그때는 일본군까지 엉켜서
진짜로 서울 불바다 된다;

좌선봉장 이규태

우선봉장 이두황

평양전투 때 일본군 지원
조선 부대를 지휘.

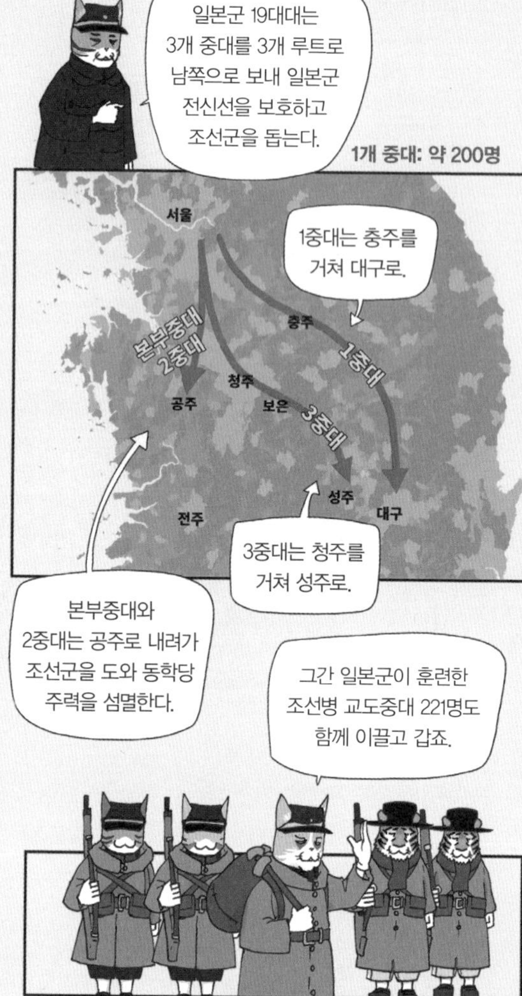
일본군 19대대는
3개 중대를 3개 루트로
남쪽으로 보내 일본군
전신선을 보호하고
조선군을 돕는다.
1개 중대: 약 200명
서울
1중대는 충주를
거쳐 대구로.
충주
본부중대
2중대
1중대
청주
공주
보은
3중대
성주
대구
전주
3중대는 청주를
거쳐 성주로.
본부중대와
2중대는 공주로 내려가
조선군을 도와 동학당
주력을 섬멸한다.
그간 일본군이 훈련한
조선병 교도중대 221명도
함께 이끌고 갑죠.

2중대장 모리오 마사이치 대위

그렇게 경군과 일본군이
내려오고 있긴 하지만,
공주의 충청감영은 읍성 없는
공주 시내에 위치해 있는지라
동학군의 공격을 막아내기 어렵다.
충청감영

때문에 11월 중순, 충청 감영의 인원, 물자는 모두 공주와 접한 금강 변의 공산성으로 이동.

충청도 관찰사 박제순

이 와중에 전봉준이
대감께 문안 서찰을
보냈습니다.
오, 나름
매너 있네.

"…왜놈들이 궁궐을 털어 임금을 사로잡았는데
어찌 벼슬하는 자가 이를 지켜만 볼 수 있습니까?!
…조선 사람이라면 임진왜란의 원한을 잊은
자가 없거늘, 어찌 왜놈의 편에 서려 하시는지?!
…왕조 500년의 은혜를 입은 자로서
마땅히 함께 왜적에 맞섭시다…
We all King's men! Long live the King!"
주상께서 극혐하는
대원군 라인 탄 인간이
뭐라는겨…

공주 지역 병력
모으는 건 대충
다 되었지?
예, 우리 감영병,
인근 향병들 다 모았고,
서울에서 경리청 선발대도
2개 소대 내려왔고요.

근데 공주 지역
유림 의병들은
관군파와 동학파로
갈리고 있습니다.

동비 빨갱이를
죽입시다.
선비가 어떻게
왜놈 편을?!
관군 편
동학당 편
공주 민보군
공주 창의소

그런데 그렇게 동학당 편을 든 양반 의병들
속사정도 좀 복잡한 모양입니다.

지역 유지 김원식이
전봉준군에 합류했는데-
동학당 힘을 빌려 망할 왜놈들과 개화당 친일파놈들 싹 다 족칩시다!
웰컴~!
前 여선 부사
김원식
공주 창의소 의병장
이유상

근데 말이죠,
저 사이비 종교 지도자
전봉준이가
이 군을 통솔한다는 게 좀
거슥하지 않슴?

…!

아무리 생각해도
우리 양반들이
강제로라도 지휘권을
가져오는 편이…

이 쉑!!
분탕종자로구나!!

내 말 틀림?!

어찌어찌
이유상이 김원식을
죽여버렸다고 합니다;;

촤콱

크헉!!

뭐, 큰일 하다 보면
별일 다 있을 수 있죠. ㅇㅇ
해프닝을 뒤로하고,
공주 공략 작전을
시작합니다!

공주로 들어가는
두 루트인 이인과 효포로
동시에 들이친다.

11월 20일,
동학군이 공주를
향해 진격 개시.
공산성
봉황산
공주
효포
전봉준군
이인
손병희군
계룡산

이인! 계룡산! 봉황산!
뭔가 연상되지
않슴?!
이인 쪽으로 손병희가 이끄는
북접군 1만이 들이치고.
북접
이인…제?!
이에 이인을 지키던
박제순의 감영군과 민병대,
일본군 선발대 1개 소대는
공주로 퇴각.
아무리 일본군이라도
이 병력 차는 무리데스;

효포 방면에
배치되었던 관군도
일단 공주로 퇴각.
관군 퇴각
공산성
공주
효포
전봉준군
손병희군
이인
11월 21일,
동학군이 이인과 효포
모두 점거.
일본군도 퇴각하니까
부끄럽지 않다.

굿! 이제 저 능치고개 넘어
30분만 걸어가면 공주다!
내일 우리는 공주에
입성한다!!

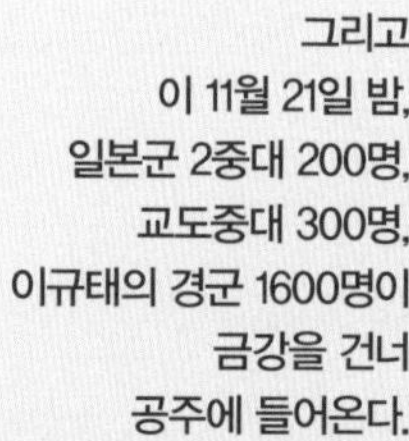
그리고
이 11월 21일 밤,
일본군 2중대 200명,
교도중대 300명,
이규태의 경군 1600명이
금강을 건너
공주에 들어온다.

金강?!
ㅇㅇ.
Golden River.
···여기서 첨벙거리면
골든 샤워인가···

제 6 장

우금치

공주의 동쪽 효포와
서쪽 이인을 제압한
동학 농민군은
이제 충청도의 수도
공주를 향해 진격.
공산성
공주
효포
이인
공주를 후리면
충청도 전체가
굴러떨어지고!
금강을 건너면
다음은 한강!
능치고개
넘어 공주로!
공주 밤타르트
다 뒤졌다. ㅎ
공산성
금강
봉황산
충청
감영
공주
두리봉
2km
북접군
견준봉
우금치
능치
효포
남접군
1894년 11월 24일,
전봉준의 남접 선봉대 수천이
능치고개로 진입.
이인

not today~
뿌밤
헉; 서울 군대가
벌써 공주에?!

하지만 지난밤 이미
공주로 들어오는 고갯길들에
방어진을 구축한 관군에 막힌다.

동시에
서쪽 루트를 통해
진격한 북접군은
두리봉과 봉황산 사이
하고개를 통해 충청 감영
수백 미터 거리까지
접근했는데.

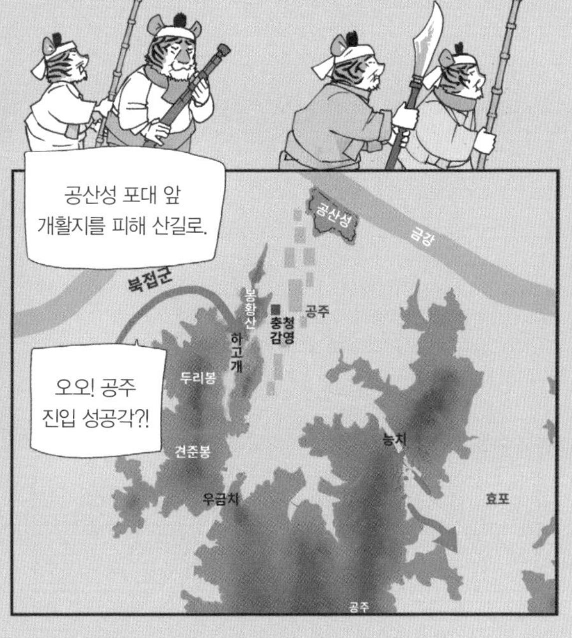
공산성 포대 앞
개활지를 피해 산길로.
공산성
금강
북접군
봉황산
충청
감영
공주
하고개
두리봉
오오! 공주
진입 성공각?!
건준봉
능치
우금치
효포
공주

여근
못 지나갈 낀디~
투당
투탕
타다당
으메, 같은
충청 사람끼리 워째
이리 독하대유~;
충북 사람들은
충남 사람들
동무가 아니쥬~

But,
고갯길 양쪽 산에
진을 친 관군의
총격으로 큰 피해.

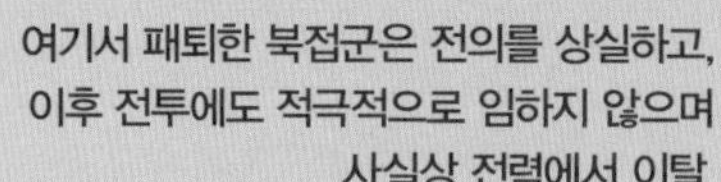

여기서 패퇴한 북접군은 전의를 상실하고,
이후 전투에도 적극적으로 임하지 않으며
사실상 전력에서 이탈.

하; 이러니
북접 허접
소리 듣는 거 아녀;
북접이 전봉준
지휘봉 아래 목숨 바칠
의리는 없쥬;;

이렇게 11월 말의
공주 1차 공격은 실패,
농민군은 논산까지 후퇴.

음; 원래 첫트는 과학.
물러나서 재정비하고
다시 오자;;

논산에서
다시 병력 모으고,
템 사고, 피 채우며 정비!
근왕척왜
강경 상인들이
농민군에 물자를
크게 대줬지요.

(논산 강경시장
상인들)

관군에게서 노획한
대포들도
끌고 오긴 했는데…
크루프포?
그 후두염?
어케 쏘는지
모르겠는디;;

당시 큰 솥을 들고 다니기 어려웠던
농민병들은 소가죽을 솥 대용으로 사용,
죽을 끓여 먹었다고.

은근히 소고기 향도
배어 나온다고요~ㅎ

공주 진입 루트는 크게 보면
동쪽 길, 남쪽 길, 서쪽 길.

강변을 통해 들어오는 개활지
루트는 공산성의 사선에 정면
노출되므로 피하겠지요.

공주에서는
모리오 대위의 지도하에
공주 방어 전략이 수립되고.

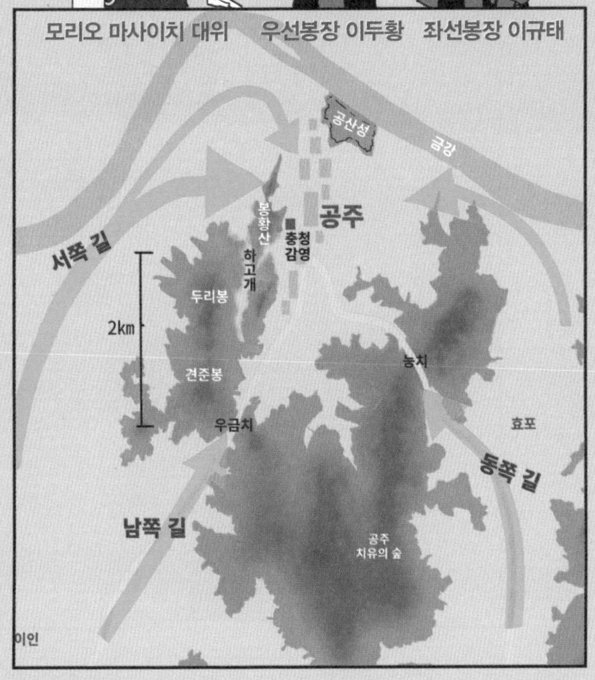

모리오 마사이치 대위
우선봉장 이두황
좌선봉장 이규태
공산성
금강
공주
봉황산
충청감영
하고개
서쪽 길
두리봉
2km
견준봉
우금치
능치
효포
동쪽 길
남쪽 길
공주 치유의 숲
이인

모든 예상 루트의 양 측면 고지에
아군 진지를 구축해놓았고,
들어오는 적은 모두 십자포화로
격멸할 수 있습니다.
공산성
금강
봉황산
하고개
충청 감영
공주
두리봉
능치
견준봉
우금치
효포
이인
서울에서 내려온
경군 3200명,
교도중대 350명,
일본군 200명, 기타
감영군, 민보군 수천 명.

그리고
적의 주공 루트가 예견되면,
내선 작전의 이점을 살려 바로
그쪽 방어 거점으로 우리 군
주력을 배치하도록 합니다.
공산성
금강
봉황산
하고개
충청 감영
공주
두리봉
능치
견준봉
우금치
효포
공주 치유의 숲
이인
뭐, 아무래도 주공은
가운데- 우금치일
가능성이 크겠지요.

논산에서 2주간의 정비를 마친 농민군은
12월 3일, 남접군 1만과 북접군 1만으로
다시 공주 진공 개시.
겨울이 왔다
공주 치고 금강 넘어!
한강이 얼면 바로
가로질러 서울로!!

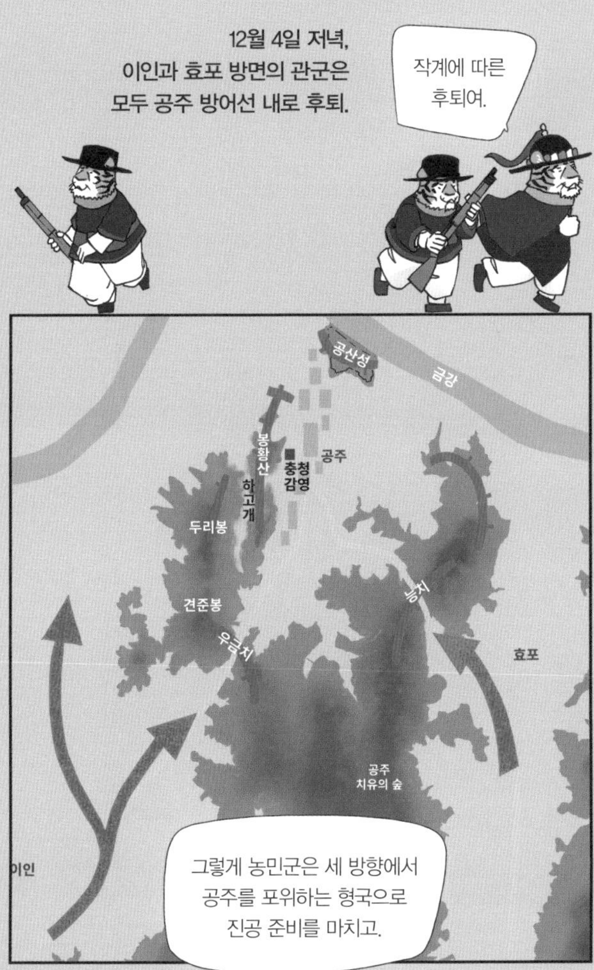
12월 4일 저녁,
이인과 효포 방면의 관군은
모두 공주 방어선 내로 후퇴.
작계에 따른
후퇴여.
공산성
금강
봉황산
충청감영
공주
하고개
두리봉
견준봉
우금치
능치
효포
공주
치유의 숲
이인
그렇게 농민군은 세 방향에서
공주를 포위하는 형국으로
진공 준비를 마치고.

이제 주공은 어디로
들이칠까요?
음…

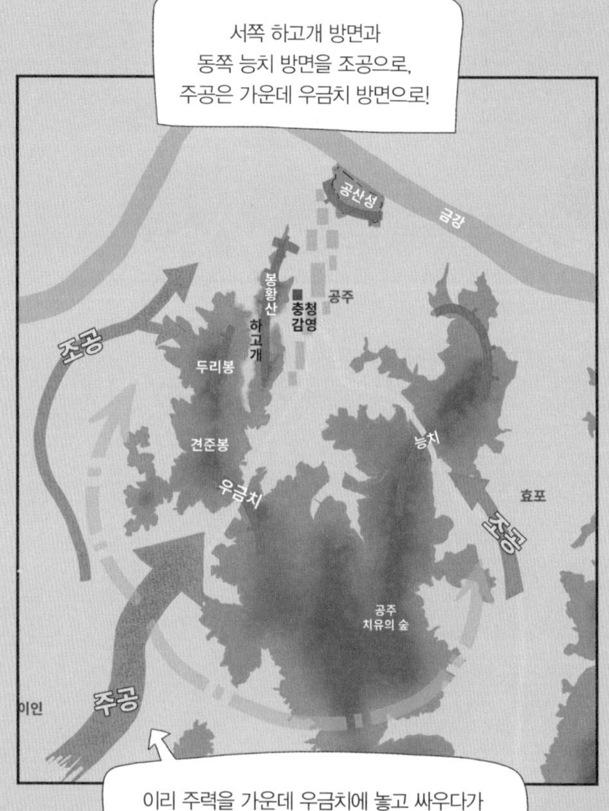
서쪽 하고개 방면과
동쪽 능치 방면을 조공으로,
주공은 가운데 우금치 방면으로!
공산성
금강
봉황산
충청감영
공주
하고개
두리봉
조공
견준봉
우금치
능치
효포
조공
공주
치유의 숲
주공
이인
이리 주력을 가운데 우금치에 놓고 싸우다가
서쪽의 하고개, 동쪽의 능치 둘 중 어딘가에서
뚫리는 기색이 있으면 거길로
바로 병력을 보낼 수 있지!

이러한 농민군의 움직임은 바로 관군 측에 감지되고.

음, 역시 가운데 우금치로 오는구나.
우금치 방면에 주력 배치!

0.5km
공주
고갯길 양 측면 고지에 진지 구축!
일본군
성하영군
이두황군
교도중대
우금치
이규태군
서쪽에 이두황군, 그 측후방 견준봉에서 일본군이 지원.
동쪽에 이규태군, 교도중대가 지원.
공주行 도로

12월 4일 밤, 우금치의 관군 진영 배치 완료.

1894년 12월 5일 아침,
농민군 주력 1만이
우금치로 쇄도.
척왜군
보국안민
강경 상인회

오늘 저녁은 공주
장국밥이다!!
일본군
성하영군 이두황군
교도중대 이규태군
시천주조화정
영생불망만시지!
궁궁
을을!!

은폐, 엄폐물도 없는 겨울 민둥산
고지를 향해 무지성 돌격?!

우라아아아!!

관군놈들 에임 구려서
달려 올라갈 3분 동안
2발 이상 못 맞춘다!
닿기만 하면!
근딜이 이긴다!!

아니, 저리 밀집 대형으로
몰려 올라오면 그냥 아무 데나
눈 감고 쏴도 다 맞지;;
스나이더, 레밍턴,
무라타 소총은
분당 12발은 쏠 수 있고.

TA TA TA TA TA TA TA
그 총들의
유효 사정거리는
500m 이상!
고지를 향해
달려오기 시작하는
공격 개시선에 이미
총탄의 소나기!!
사람의 파도가
탄막의 벽에
바스러진다!
으어;

아니, 관군놈들
왜 빡겜하냐;;
쉽지 않음;;
왜놈들이 뒤에서 공업
버프 걸어주고 있누;;

크악!@#!@#!
정신은 물질을
압도한다!!
뚫릴 때까지 백 번 천 번
트라이!!!
제파 공격!!

받고 반사 따따블!!

한 차례 웨이브마다
수백의 시신만 남기고
무너짐이
탐 형이
<라스트 사무라이 2>는
이걸로 찍을 수
있을 듯;?;
몰려온 파도가 흰 거품만 남기고 부서져 밀려나듯.

ㅎㅎ 봐라! 인간이
쓰레기 같구나!
ㅎㅎㅎ
…
미~개한 촌무지렁이들이
저리 쓸려나간 거름 자리에
문명개화가
꽃피우겠지요~ㅎ
투당
투탕

대체 무슨 의리와 화로
이리 단체 가미카제
랠리란 말인가;;
타다당
막 던지지 마,
미친놈들아;;
이러다 다 죽어;;

쌍놈으로 구차하게
50년을 부지하느니
장쾌히 한 번 죽어
의로운 이름으로
천 년을 살겠다!!

이날 저녁까지 수십 차례의
제파 공격이 모두 무산되고.

쿠구구
큿;; 성채도 아닌
작은 고갯길 하나를
넘지 못하다니;;
무리였나;;

장군!! 서쪽 루트의 조공이 두리봉을 뚫었답니다!!

올?!

우금치에서 주공이 갈려나가는 동안

서쪽에서는 조공 부대가 두리봉 점령에 성공!

더구나 저 북서쪽 봉황산 방면 관군은 적 주력이 아닌 감영군 등 2선급 부대!!

미리 계획했던 대로, 이제 주공의 창끝을 두리봉 방면으로!

봉황산으로 우회해서 공주 진입!! 적의 등 뒤를 박살 낼 수 있다!!

어; 음;;

박살은 이미 우리 군이 박살 난지라;;
저기로 또 움직여서 다시 공격에 나서기에는 몸도 마음도 이미 곤죽입니다;;

두리봉으로 간다 한들 견준봉의 일본군이 멀쩡한데, 어찌 활로가 있겠습니까;;
하…

마법의 가을은 여기까지인가;;

결국 저녁 늦게 동학군 철퇴.

주력 1만이 죽고 흩어져, 남은 3천이 패주한다…

1894년 12월 5일,
우금치 전투 종료.

우금치와 주변 전역에서
동학농민군 전사자는
1만 이상으로 추정.

이겼공! 오늘 저녁은 공주 밤묵밥이다!!
일본군과 경군 주력의 피해는 두 자릿수 이하!
이제 오염된 남쪽 땅에 불과 피의 정화를!
...

굽씨의 오만잡상

우금치의 원래 이름은 '우금티'였는데, 고개를 뜻하는 '티'를 한자로 적기 위해 '우금치'가 되었다고 합니다. 우금치라는 지명의 어원으로 전해져 내려오는 이야기에 따르면, 고갯길의 산적들이 공주로 소를 몰고 가는 이들을 습격해 약탈하는 사건이 빈발하자 관아에서 그 고갯길로 소를 몰고 가지 말도록 금했기 때문에 우금치(牛禁峙)라는 이름이 붙었다고 합니다. 오늘날 고갯길은 왕복 4차선 도로가 되어 생태터널인 우금티터널을 통과해 공주 시내로 이어지고 있습니다. 터널 안에는 '백성이 하늘인 새로운 세상을 향한 발길··· 1894. 이곳 우금티로부터'라는 문구가 벽을 따라 큼지막하게 박혀 있지요. 고갯길 조금 비켜난 곳에 조성된 전적지에는 1973년 건립된 동학혁명 위령탑이 자리 잡고 있는데요, '동학혁명군위령탑'이라는 타이틀이 당시 대통령의 친필로 큼지막하게 새겨져 있습니다. 그 대통령의 아버지가 동학농민운동 가담자였기에 그 시기 동학농민운동의 위상이 '혁명'으로까지 격상되는 재평가가 이루어졌다는 얘기도 있습니다만···. 오늘날 위령탑은 그 외장이 낡아 부스러진 부분이 있고, 비문도 훼손된 부분이 있어 꼼기꼼기한 느낌이 있다랄까. 뭐, 그렇습니다.

제 7 장

파랑새야

1894년 12월 5일 우금치 전투 당시
서쪽 방면 조공은 두리봉을
점령하는 성과를 냈지만,

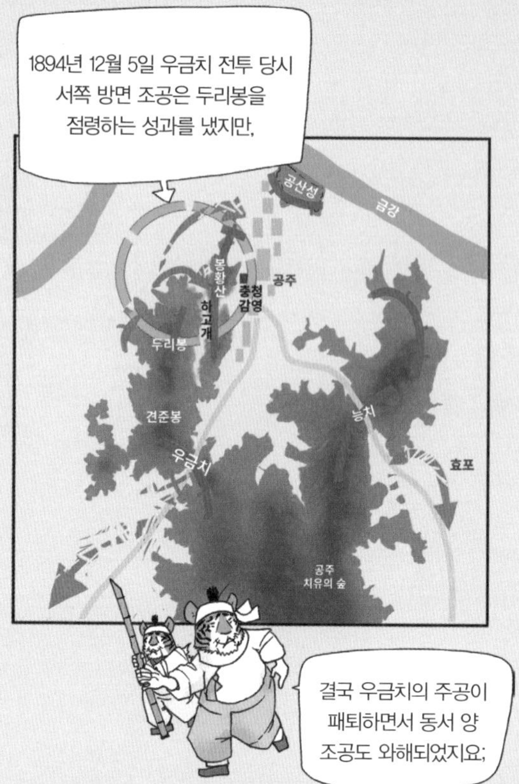
공산성
금강
봉황산
충청
감영
공주
하고개
두리봉
견준봉
우금치
능치
효포
공주
치유의 숲

결국 우금치의 주공이
패퇴하면서 동서 양
조공도 와해되었지요;

이 전투 이후
공주 사람들이 치른
가장 큰 고역이
농민군 시신 처리;;

그렇게 서쪽 방면으로 몰려왔던 농민군들의 시신을 오래된 연못에 한데 모았으니.

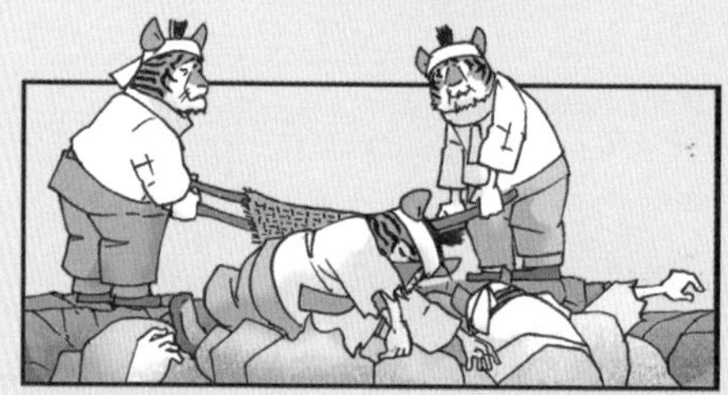

그렇게 농민군들의 시신으로
메워진 연못 자리를
송장배미라 부르게 되었습니다.

그래도 무령왕릉 바로
옆자리에 묻혔으니, 장지가
나쁘지는 않을 것.

무령왕

송장배미

일단 논산까지 쭈욱
후퇴한 전봉준軍.

3천 명이 후퇴했는데,
논산에 도착해 세어보니
500명밖에 안 남았더라…

거기서 임금의
칙유문을 접하게 되고.
일본은 조선을 돕기 위해 온 것.
나라를 일으킬 중차대한 시기,
민심을 어지럽히며 동맹을
원수로 여기는 역적들을
일본군의 도움으로 모조리
토멸코자 하니 다들 화이팅.
WiS DoM
주상전하 칙유문
이게 칙유냐,
Fuck유냐.

조정의 일뽕 개화파 무리가
멋대로 개소리를
싸지르고 있는데요…

패전으로 경황 없는 와중에도
12월 8일, 전봉준은 장문의
반박 성명문을 낸다.

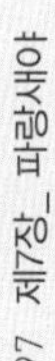

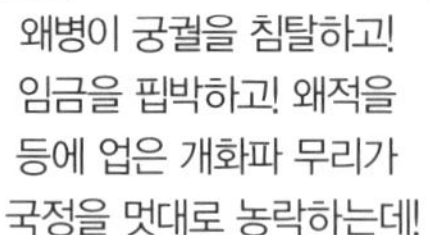
왜병이 궁궐을 침탈하고! 임금을 핍박하고! 왜적을 등에 업은 개화파 무리가 국정을 멋대로 농락하는데!

이 판국에 적은 당연히 족바리잖아!!
조선 사람끼리 이리 싸울 때가 아니여!! 의리로 힘을 합쳐 함께 왜놈을 무찌르자!!

-라고 하기에는 동비놈들과 양반들 사이에 원한이 너무 많이 쌓여서 무리겠습니다만.
일본은 피부의 병이지만, 동비는 심장의 병이다.
양반 지주놈들 씨를 말려야 새 세상이 열린다!!

...
그래, 양반들 잘 쳐 죽이는 김개남 씨랑 다른 사람들 근황은 어떻게 되는지…
김개남軍은 중부고속도로 루트를 타기로 했고,
손화중軍은 남쪽의 적을 견제하고 있지요.

전봉준의 주력이 공주로
북진을 전개할 때,
김개남은 움직이지 않고 있었다.

점괘에 의하면
앞으로 49일은 불길하니,
49일 후에 출진한다.
군산
전주
김제
부안
백산
고부
황토현
정읍
고창
무장
법성포
영광
장성
담양
순창
남원
광주
신안
함평
무안
나주
손화중은 나주 목사
민종렬이 이끄는 전라도
남부의 관군 & 민보군과
계속 대치, 교전 中.

뒤통수의 적을
견제하지 않을 수
없잖슴;;
전라도의 모든 안티 동비
세력은 나주로 집합!!

1894년 11월 11일,
전봉준軍이 공주 공략을 준비하던 시점에
김개남軍은 비로소 남원성을 나와 출진.

49일 지났으니
슬슬 가볼까~

일단 중간에 전주에 들러서
동학에 협조적이지 않은
수령과 아전들을 벌하고.
(고부 군수 등 처형)

전봉준이 살살
대해주니까
만만했지?!

전라감사
김학진도 겁박하고.

우리 군사들 입을
동계 피복 빨리 다
준비해놓으시라고요!

야; 저기, 나 해임되어서
이제 관찰사 아님;;
집에 가려고 하네만;;

전봉준軍이
공주 공략을
시작하던 11월 20일,
김개남軍은 금산에.
아산
천안
오송역
청주
보은
공주
금강
계룡산
성심당
전봉준군
논산
금산
김개남군
삼례
전주

우리는
중부고속도로 타러
청주로 간다.

12월 5일,
대충 한밭을 지나면서
우금치 전투
패전 소식을 접함.

으어;; 전봉준네
망했구나;;

수군수군
성심당

그래도 우리는
청주로 간다!
적 주력이
공주에 있다면 청주는
비어 있겠지!
천안
청주
우금치
전투
보은
공주
금강
김개남군
계룡산
대전
전봉준군
패주
논산
금산
삼례

당시 청주에는 진남영 병력 수천과
일본군 1개 소대가 자리 中.

쟤네 병력 2만이
넘는다는 소문이;;
ㅇㅇ. 헛소문이죠.
나가서 요격하면
바로 흩어질 거임.
구와하라 에이타로 소위
영관 이진호

청주 날씨
어때요?
전주성에 비하면 청주성은
그냥 동사무소 담장 수준.
바로 들이치자.

12월 9일, 김개남軍은
청주성 남문으로 당당하게 행군.

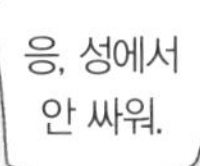
응, 성에서
안 싸워.

청주성 남문 밖(現 서원대학교 언덕)에
매복했던 관군과 일본군의 일제사격에
김개남軍 선봉 붕괴.

투당
투탕
타다당

일시에
20명이 사망하면서
농민군 와해.

그리고 그대로 흩어져서
집으로 다 돌아갔죠.
2만 5천 병력 어쩌고
했던 건 다 구라였던 듯.

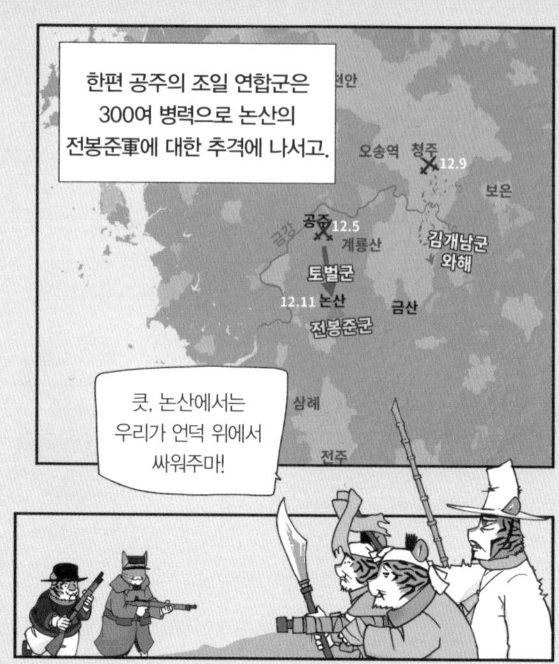
한편 공주의 조일 연합군은
300여 병력으로 논산의
전봉준軍에 대한 추격에 나서고.
천안
오송역
청주
12.9
보은
공주
12.5
금강
계룡산
김개남군
와해
토벌군
12.11 논산
금산
전봉준군
삼례
전주
큿, 논산에서는
우리가 언덕 위에서
싸워주마!

12월 11일,
논산 황화대에서 토벌군과
전봉준軍 수천이 격돌.

결국 포격을 버티지 못하고
다시 패주.
지형빨이고 뭐고
소용없구나;;

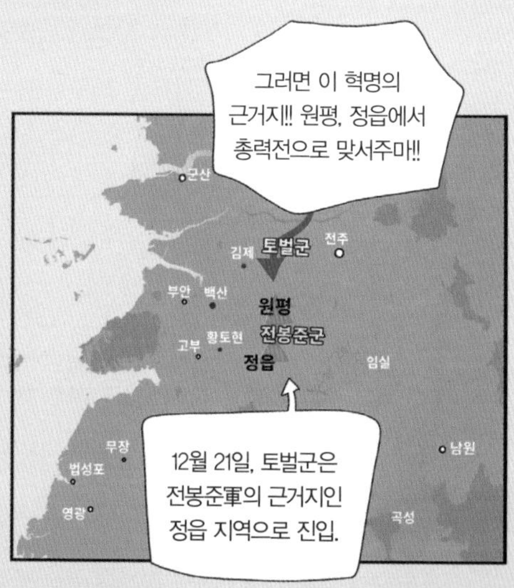
그러면 이 혁명의
근거지!! 원평, 정읍에서
총력전으로 맞서주마!!
군산
김제
토벌군
전주
부안
백산
원평
전봉준군
고부
황토현
정읍
임실
무장
법성포
영광
남원
곡성
12월 21일, 토벌군은
전봉준軍의 근거지인
정읍 지역으로 진입.

12월 23일,
정읍 태인의 성황산에
진을 친 전봉준軍 3천.

우리
홈그라운드에서
최종 결전인가…
우리가 산 위에 있으니
사격은 피할 수 있겠지.
춥고 배고파요;;

12월 23일, 성황산 고지를 향해
관군은 착검 돌격 감행.

응,
착검 돌격.
For the King!!
으어;
저게 뭐여;

이에
농민군은 완전히
붕괴되었어요.
하; 원딜,
근딜 뭐 하나
되는 게 없네;;

…성패는 운수에 달렸으니,
우리가 더 할 수 있는 게 없다…
이제 찢어져서
각자 할 일을 합시다.

마지막 여력까지
다 소진한 전봉준은
해산을 선언하고
측근 수 명과 함께 도주.

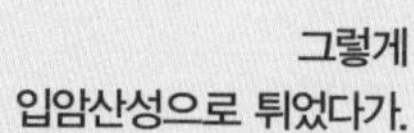
그렇게
입암산성으로 튀었다가.

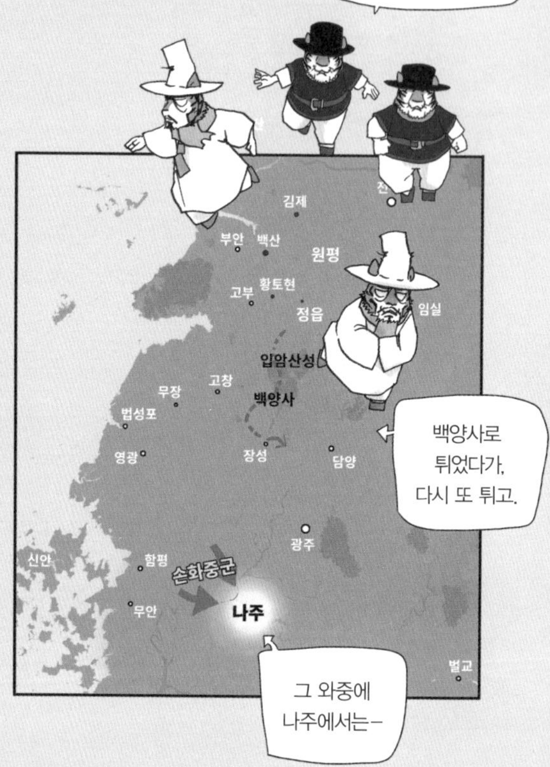
전봉준 모가지에
현상금 천 냥과
벼슬이 걸려 있다!!
김제
부안
백산
원평
고부
황토현
정읍
임실
입암산성
무장
고창
백양사
법성포
영광
장성
담양
백양사로
튀었다가,
다시 또 튀고.
광주
신안
함평
손화중군
무안
나주
별교
그 와중에
나주에서는—

전봉준과 김개남의
패전 소식을 들은
손화중.
큿; 탑, 미드
다 터졌네;;
이렇게 된 거
마지막 총공격이나
해봐야겠다;;
나주 목사 민종렬
대치 중이던 나주성을 향해 12월 19일 총공격 개시.

나주성의 관군과 민보군, 유회군의 반격으로 손화중軍 와해.

으어; 역시 무리였구나;
빽
겜 터졌다고 막 던지냐?!

하, 그 옛날 견훤도 나주에 발목 잡혀 대업을 그르쳤다더니만;;

그렇게 손화중도 모든 병력을 잃고 잠적.

잔존 병력과 함께 남원으로 돌아온 김개남은-

징글벨~ 징글벨~ ♬
지리산 들어가 빨치산이나 할까…
김제
부안
백산
원평
고부
황토현
정읍
임실
입암산성
고창
무장
백양사
순창
남원
법성포
영광
장성
담양
곡성
광주
함평
무안
나주

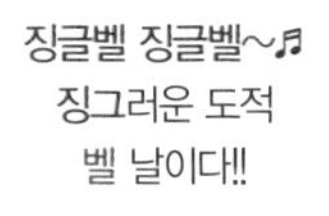
징글벨 징글벨~♬
징그러운 도적
벨 날이다!!

12월 24일, 박봉양이 이끄는
지역 민보군에 의해
남원성에서 축출되고,

크리스마스이브
개망했네;

사흘 후, 순창 회문산에서
친구인 선비 임병찬의 신고로
체포된다.

나라를 위하는 길은
오직 주상을 충심으로
받드는 길뿐이네!
임병찬
(훗날의 의병장)
아오, 저 꼴통
왕당파놈들 모가지를
더 치지 못한 게 한이로세.

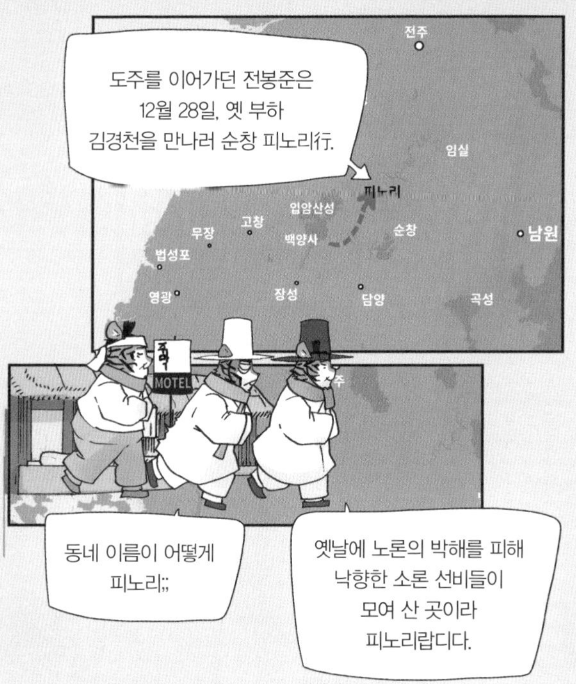
도주를 이어가던 전봉준은
12월 28일, 옛 부하
김경천을 만나러 순창 피노리行.
전주
임실
피노리
입암산성
고창
무장
백양사
순창
남원
법성포
영광
장성
담양
곡성
주막
MOTEL
동네 이름이 어떻게
피노리;;
옛날에 노론의 박해를 피해
낙향한 소론 선비들이
모여 산 곳이라
피노리랍디다.

김경천은 전봉준을
주막에 앉혀놓고 나간다.

원, 저녁상 내올 테니
드시고 좀
쉬고 계시죠~

고요한 밤~♬
거룩한 밤~♪
새벽송을
이 시각에?

녹두꽃~
지던 밤~♪
음?!

이건 함정이다!!
ㅌㅌ!!

빽
컥;

청포 장수 앉아서~
감사 기도 드릴 때~♪
새~야~새야~새야~♪
아~♬
새~야~♪
파~랑새야~♬

1894년 12월 28일,
전봉준 체포.

제 8 장

겨울 녹두

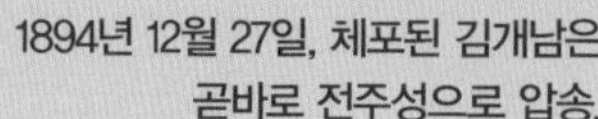
1894년 12월 27일, 체포된 김개남은
곧바로 전주성으로 압송.

'개남아 개남아,
김개남아~'
깔끔하게
죽여라.
사람이름이
어떻게 Dog man;;

이틀 후인 12월 29일,
곧바로 처형.

'수천 군사
어데 두고 짚둥우리가
웬 말이냐!'
질질 안 끌고
쾌속 처리
시원하구먼!

전봉준도 전주로 압송되었다면
비슷하게 바로 처형되었겠지만–

나도
빨리 죽여라.
ㅇㅇ

나주에서
일본군에 의해
인터셉트된다.

워워, 전봉준은
교전 대상 수괴이니,
일본군의 포로로 잡는
형식을 취해야겠어요!
그리고 서울로 데려가서
조선 정부에
넘기는 걸로.

그렇게 전봉준은 서울로 압송.

체포 과정에서 다리가 부러져서 계속 가마로 이동한다.
조선의 판초 비야, 체 게바라인가.

손화중 등 다른 농민군 지도자 네 명도 같이 잡혀 옴.

나도 가마…

잡혀 온 동학 지도자들을 재판할 재판소 설치.

참의 장석주
법무대신 서광범
법무협판 이재정
으잉? 갑신정변 때 도망친 그 서광범?!
짜잔~!

태평양을 건너가야
안전하다;;

10년 전 갑신정변 때,
서광범은 미국으로 망명.

미국에서 시민권을 따고
어렵게 생계를
유지해가던 중.

아, 내가 우리나라에서
혁명 이끌고 장관도 잠깐
해봤는데 말이여…
어이, 서씨,
닥치고 밥이나 먹어.

1894년, 서울에서
경복궁 점령 사건 발발!

?!?
마침내!!!

친일 개화파 정부가 구성되고
1894년 12월, 서광범은
이노우에의 주선으로 귀국.

자, 친일 개화파들
와서 한자리씩
하쇼!!
으따,
세상 바뀌는 데
딱 10년 걸렸구먼!!

그렇게 귀국해 2차 김홍집 내각의
법부대신으로 입각.

이제 갑오개혁에 따라 근대식 재판을 최초로 열어보겠시다!
뭐, 그런 것치곤 변호사도 없고…
법률도 여전히 《경국대전》 《대전회통》으로 적용해야 하고…

전봉준에 대한 심문은 주로
참의 장석주가 맡았는데—

대원군이랑 뭔 관계였지?

대원군에게 어떤 지시를 받았는가?

MBTI가 ENFP 맞음?

대원군과 엮으려고
노력한다.

전봉준과 대원군을 엮어서 이참에 친흥파 잔당 싹 다 쓸어버리면 좋겠지 말입니다.
하, 진짜 실각하고 밀려나 숨만 쉬며 사는 노인네한테 너무하는 거 아뇨?!

일본 영사관 측에서도
교전 대상 자격으로
심문을 진행.

아이고, 전장군님,
앞으로 더 큰일
하실 기회가 있지
않을까요? ㅎㅎ
?

일본 측 일각에서는
전봉준과 동학농민운동에 대해
호의적 시각도 지니고 있었으니.

저 미개한
조선 왕조의 폭압 체제!
실로 헬조센 그 자체!!

우리가 가서 문명개화의
광명을 비춰야 하지
않겠는가?!

일본은 대내외적으로
조선 왕조의 무능과 학정을
한반도 개입의 한 명분으로
삼고 있었는데.

조선 왕조의
무능과 학정을 입증하는
동학농민운동에
반색했던 것.

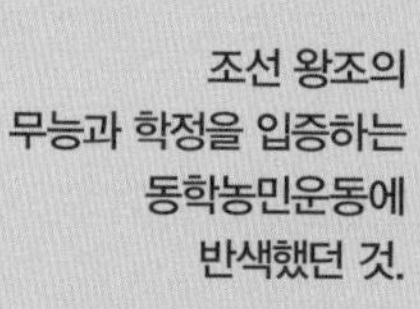
못 살겠다!!
갈아보자!!

올ㅋ! 저 봐라!
저게 증거다!!
관군에 비교되는
농민군의 엄정한 군기!

남아 호걸 전봉준!
천하인의 기품!

이 때문에 일본 언론의 초기 동학농민운동
보도에는 일견 호의적인 시각도.

아니, 왜놈들
친한 척 ㄴㄴ;

우리 캐치프라이즈가
'척왜근왕'인뎁쇼;;

족바리 쫓아내고
임금님 구하는 게
우리 목표라고;

아아, 동학군의 '근왕'이라는 게
그냥 허울 좋은 명분이라고
여기는 사람들이 많은 것
같은데요~

아빠랑 결탁한
사이비놈들이
근왕 같은 소리
하고 자빠졌네…

'근왕'도 '척왜'도 그저
그럴듯하게 내세운
명분일 뿐이라면,
어찌 필요에 따라 좋은
관계를 만들 여지가
없겠습니까.

So,
조선 왕조의 앙시앵레짐에
저항하는 동학농민군을
일본 편으로 끌어들인다면,

일본의 한반도 경영에
이보다 좋은 명분은
없을 것입니다.

그럴듯…
한데?

그런 논리로 천우협 등에서 전봉준에 대한 구명 운동을 적극적으로 전개.

대원군이 시킨 거라고 자백하면 종범으로 목숨을 구할 수 있을지도?
일본과 손잡는다면 일본군과의 교전 단체 수장으로 취급해, 일본에 포로로 데려가 우대해드리리다~!
전장군, 지금 죽을 길보다 살길이 더 넓게 열려 있다고요~
크악, 남아가 깔끔하게 한번 죽으려는데 어찌 이리 날파리들이 꼬인단 말인가!!
동지들의 살과 뼈로 쌓은 이 민중 저항사의 금자탑에 대원군이니, 왜놈이니 하는 땟국물을 내 손으로 묻힐 것 같으냐?!

No 대원군!!
No Japan!!
엮지 않습니다.
믿지 않습니다.

대원군과의 결탁설 완강하게 부정.

일본인들의 친한 척 거부.

그렇게 스스로 활로를 모두 닫은 전봉준은 예정된 판결을 향해 남은 날들을 줄여가고.

피고 전봉준,
무장하고 수령과 관병을 살해,
변란을 일으킨 죄로
사형에 처한다.

1895년 4월 23일, 판결.

역모죄
레벨까지는
안 갔죠.
엄밀히
따지면
역모는
아닌 걸로.

'그대들이 봉기하여 청일전쟁이
터지고, 나라가 청의 속국을
벗게 되었고, 민씨 척족도 다
쫓아내게 되었고, 개화 정책이
시행되게 되었으니, 그대들의
죽음으로 오늘을 만든 것.
이에 명복을 비노라.'

사형 선고 후,
판사 장석주는
전봉준에게
위로의 말을 건넴.

(말은 번지르르하게 하지만 결국 친일 매국노가 된다.)

선고한 그날 밤 바로,
1895년 4월 24일 새벽 2시에
전봉준과 손화중 등
5명의 교수형 집행.

한낮 종로 네거리
만백성 앞에서 목을
날리지 않고,
어찌 야심한 밤에
몰래 목을 조르는가…
개화정부랍시고
참형이 아니라
교수형이네…

"때를 만나서는 천지도 힘을 합하더니
운이 다하니 영웅도 어쩔 수 없구나.
애민 정의에 놓친 바 없건만
애국 단심을 누가 알아주리."

이리 절명시를
남기다.

우금치에서
동학 주력이 궤멸당하고
전봉준 등 지도부가 체포된 후,

각지의 잔당들은
저마다의 엔딩을
맞이하게 되었으니…

우금치 전투 이후,
북접 세력은 보은에서 관군에 맞서다가
최시형과 손병희 등 지도부 잠적.

이제 동학의 길은
좀 다른 방향성을
모색해야겠군요…

동학 중핵이 모두 소멸한 이후에도
남쪽에서 마지막 봉기가 있었으니,
1894년 12월 31일, 이방언이 이끄는
장흥 지역 동학군이 봉기.

전주
정읍
광주
나주
장흥
여수

읍성이 점령당하고
부사가 피살되는 등
꽤 큰 규모였죠.

이 장흥 전역에서 활약한
동학 여대장 이소사(22세)의
이야기가 일본 신문에까지
보도되며 소소한 화제가 되기도.

오오,
동비 무스메!

장흥 봉기는 곧 진압되고
지도자 이방언은 서울로 압송되지만,
서울 재판소에서 곤장만 맞고 방면.

뭐, 서울에서는 동학에 대해 그리 적대감이 큰 분위기가 아니었던지라.
이방언네 집안이 명망 있는 양반 가문이었기도 했고…

하지만 고향으로 내려가던 이방언은
지역 양반들에게 잡혀 화형당한다.

조선에 이런 처형법이 어딨다더냐?!!
요즘 서양 정보가 많이 들어와서, 처형 방법도 다양해졌지.

그 밖에 소소한 개인사들로는–
황해도 해주에서는 청년 접주 김창수가
수십 명의 농민군을 이끌고 봉기.

양반 개판 세상, 싹 다 엎어버려!
젊은이, 캄 다운, 캄 다운.
김창수(김구, 18세)

지역 유지 안태훈이
민보군을 이끌고 진압.

이후 동학당 사냥이 진행되는 시기에 김창수는 안태훈에게 몸을 의탁.

안진사님이 역시
대인배십니다~
김구라
성대모사
가능?

안응칠(중근, 15세)

경북에서는 전직 무관 박성빈이 동학란에 가담했다가 체포되기도.

어찌어찌
풀려났다.

박성빈(박정희 부친, 23세)

동학도라고 관에서 잡아간 사람들,

가족들이 돈 가져다 바치면 풀어주는 게 조선 천지 일상 다반사였죠.

그 원한의 골을
동비들의 피로
다 채우리라.
Min
Bo
Army
음;
동학 천하였던 시절에
좀 살살할 걸 그랬나…

하지만 다른 지역과 달리 난리의 메인 무대였던 호남 지역에서 동학당과 양반들 간 원한의 골은 설렁설렁 넘어갈 수 없었던 것이었으니.

조정에서 전봉준 체포와 동시에
민보군과 유회군에 대한
해산령을 내렸는데도,
호남 지역 민보군은 해산하지 않고
지역 지역 마을 마을
동비 색출 학살극을 펼치고 다녔다.

이 마을은 통째로
다 동비 마을이니
산 것이 없이 하라.

그렇게 1895년 초반,
호남 지역을 중심으로 진행된
보복 학살극으로 만 단위의
인명이 희생된 것으로 추정된다.

다시는 대들 생각
못 들 공포를
새겨줘야!
한국사 최초의
이데올로기
제노사이드 아닐까요?

뭐 그렇게 겨울 동안,
조선에서는 한 차례
찻잔 속의 태풍이
지나갔고.

이 난리 진압에 투입한
우리 병력은 1개 대대 600명.

나주 등의 거점에 자리하며
조선 관군 및 민병대와 연계해
잔불 진압 중입니다.

동학당 평정

음, 예비군 1개 대대.
가성비 좋게
처리했구먼.

뭣보다 조선 작전의 핵심은
서울-부산 간 전신선 확보!

이에 대한 사보타주를
철저히 토멸하도록.

서울
부산

그리고 그렇게 겨울이 가는 동안
청나라와의 전쟁도 슬슬
마무리 단계로 진행되었으니.

그 겨울 청일전쟁의 향방은?!

제 9 장

겨울 작전

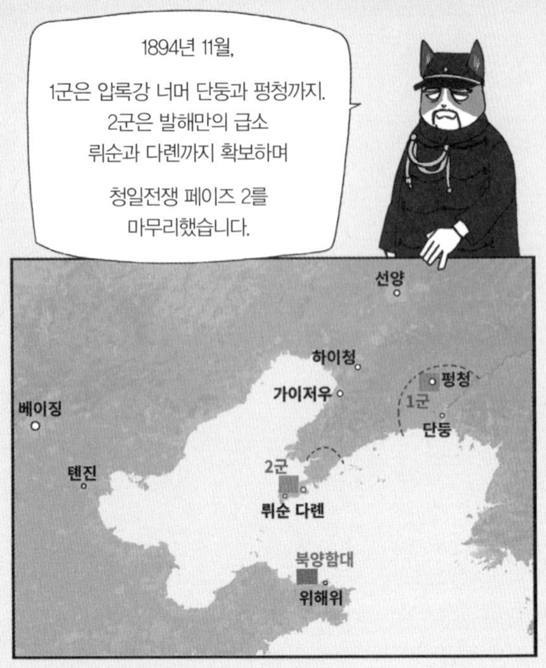
1894년 11월,
1군은 압록강 너머 단둥과 펑청까지.
2군은 발해만의 급소
뤼순과 다롄까지 확보하며
청일전쟁 페이즈 2를
마무리했습니다.
선양
하이청
펑청
1군
가이저우
베이징
단둥
2군
톈진
뤼순 다롄
북양함대
웨이하이

이제 지금까지 고생한 만주의 1군 2개 사단 병력은
겨울을 맞이해 현 주둔지에서 숙영하며 월동.
재정비, 휴식을 취하도록 합시다.

꿀인데?

-라고 착각하지 말고
바로 행군 준비하도록!
엥?!
겨울 만주 산간에서
행군? 행구우우운?!?

이는 1군 사령관인
야마가타가—
역사적인 전쟁에 숟가락 얹으려고 억지로 1군 사령관 맡아서 왔으니…
뭔가 개쩌는 전공을 남겨야 할 텐데…
1군 사령관 추밀원 의장
야마가타 아리토모
그래!! 이 동네 최고의 업적작은 요동 정벌!!! 만주를 제국의 주권선~ 이익선 레벨로 확보!!
가(쓰)라! 3사단~!!
3사단장 가쓰라 다로
(야마가타의 딸랑이)
가쓰가쓰가쓰가쓰~! 탁월한 대전략 안목이십니다~!
투덜투덜투덜투덜투덜투덜
그렇게 1894년 12월,
야마가타는 1군 3사단 병력을
하이청으로 진군시키고.
선양
하이청
평청
가이저우
1군
베이징
단둥
톈진
2군
뤼순 다롄
12월 이때쯤 조선에선 우금치 전투.
위해위

12월 13일,
3사단은
큰 피해 없이
하이청 점령.

하; 전투보다 행군이 훨씬 빡셌다;;
아니, 미친 왜놈들이 이 겨울에 어디서부터 걸어온겨?!

하지만
하이청 점령을 시작으로
겨울 만주 전역의
애로 사항들이 터져 나오기
시작했으니.

어라?!
쩌저적

3사단은 직선 거리
170km 넘게 떨어져 있는
단둥에서 보급을
받아야 했는데,

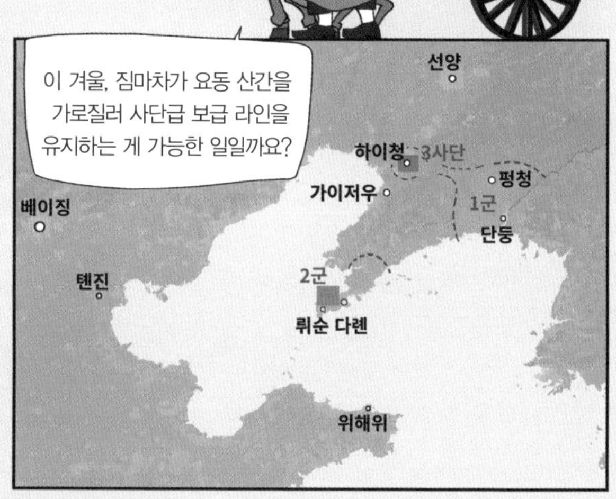

이 겨울, 짐마차가 요동 산간을 가로질러 사단급 보급 라인을 유지하는 게 가능한 일일까요?
선양
하이청
3사단
가이저우
평청
1군
단둥
베이징
톈진
2군
뤼순
다롄
위해위

그리고 3사단은 하이청만을
목표로 내달려왔기 때문에,
그 형세는 거의 적지 한복판에
고립된 형세나 마찬가지.

4만 병력으로 4면에서 계속 들이쳐 괴롭혀주어라~

요동 지역 사령관 송경

그리 청군을 맞아
하이청 주변
구릉 고지전을 벌이는
3사단 병력 태반이
동상 크리!

사람 발가락이 원래
탈부착식이었나?!

HOT PACK

손가락이
방아쇠에 붙어서
안 떨어져요!!

으어,
요동, 동장군;
요동장군;

아니, 그러니까,
왜 저런 무지성 요동
공략 작전을 벌이냐고요?!
이 겨울에!!

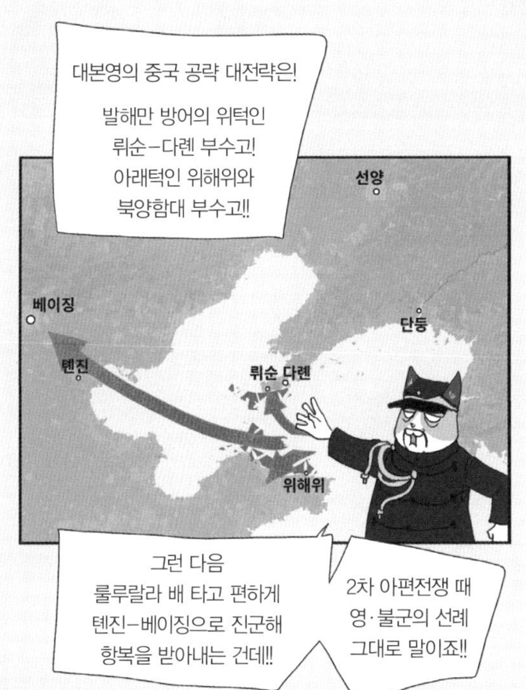

대본영의 중국 공략 대전략은!
발해만 방어의 위턱인
뤼순-다롄 부수고!
아래턱인 위해위와
북양함대 부수고!!
선양
베이징
단둥
톈진
뤼순 다롄
위해위
그런 다음
룰루랄라 배 타고 편하게
톈진-베이징으로 진군해
항복을 받아내는 건데!!
2차 아편전쟁 때
영·불군의 선례
그대로 말이죠!!

대체 왜, 내륙으로 진군을 하냐고요!!
중국놈들이 바라마지 않는, 광대한 대지의 공간 장갑 개미지옥으로 발을 들이미는 짓거리를!!
이리로 들어오도록 해~

뭐, 꿈에 홍타이지가 나와서 계시라도 받았나?!
진정한 천명 입관은 요동 따고, 산해관 넘어서 베이징까지 두 발로 뚜벅뚜벅 걸어 들어가는 것이라네!
오오;
배 타고 가는 건 천박한 양놈들 짓거리! 부정 탄다!

쿨럭~! 쿨럭~!
어휴, 폐렴 증상 때문에;;

대본영의 반발로
12월 18일, 야마가타는
1군 사령관직을 사임하고 귀국.

아무튼 기왕 이렇게 된 거,
하이청의 3사단을
지원하지 않을 수 없기에
12월 30일, 뤼순 다롄 전구에서
2군의 1여단이 북상.

아오 결국 한겨울에
가로, 세로로 요동 전체를
가로지르는 대작전이
되어버렸네;;
선양
하이청
3사단
평청
가이저우
1군
단둥
베이징
톈진
2군
뤼순 다롄
겨울에 쉰다며!!
월동한다며!!!
위해위

1895년 1월 10일,
1여단은 가이저우를
점령하고 하이청의
3사단과 전선을 잇는다.

그렇게
하이청-가이저우 방면에서
청군과 공방전이 계속되며

겨우내 교전 사상자만
천 단위로 발생했고;;

동상과 폐렴, 각종 동계 질병으로
전개 병력의 반절이 전투 불능,
병사자 다수.

청일전쟁 전체를 통틀어
가장 무의미한 전역에서
가장 많은 손실이 났다…

암튼
요동에서 요똥을 싸건 말건,
위해위 공략, 북양함대 제거는
예정대로 진행해야져.
선양
하이청
가이저우
평청
1군
단둥
베이징
텐진
2군
뤼순 다롄
북양함대
위해위

함대 멋대로 출격시키면
설사 일본 함대를 전멸시키는
승리를 거둔다 해도
명령 불복종의 죄를
물을 것이다.

북양함대는 전술한 대로
이홍장의 절대 출격 불가 방침으로
위해위에 묶여 있었고,

일본과의 강화 협상이
항복 협상이 아니 되려면,

어떻게든 이 함대가
온존해 있어야만 한다;;

위해위라면, 일본놈들이 쳐들어와도
어떻게든 육상 포대들의 도움으로
함대를 지켜낼 수 있겠지.

포대들
유공도
함대 기지
위해위
본성
북양함대
기뢰 수역
포대들

이렇게 짱박혀 있으면
세상 어느 함대가 이 만으로
기어들어 와 북양함대를
잡을 수 있으리오.

1895년 1월 20~22일,
일본 2군이 위해위 동쪽 40km 지점
영성만에 상륙 개시.
총병력 2만 5천 전개.
응, 병력 상륙시켜서
포대들 제압하면
그만이야.

열흘간에 걸친 육상 작전으로
일본군은 위해위의
청군 포대들을 모두 제압.
청 함대 기지인
유공도만 달랑
남겨진다.
유공도
위해위
으악?!;
뤼순-다롄과 마찬가지로
청군 수비대의 일패도지로
큰 피해 없이 쾌속 점령!

위해위
산둥성
청류파인 우리가
이홍장 따까리들 지켜주기 위해
피 흘릴 필요 있겠습니까.
걍, 산둥 내륙이나 잘 지키죠. ㅇㅇ

위해위 육상 포대 방어 태세가
이토록 허술했던 이유로,
당시 산둥 순무였던 이병형이
위해위 수비 지원을 소홀히
했기 때문이라는 설도.

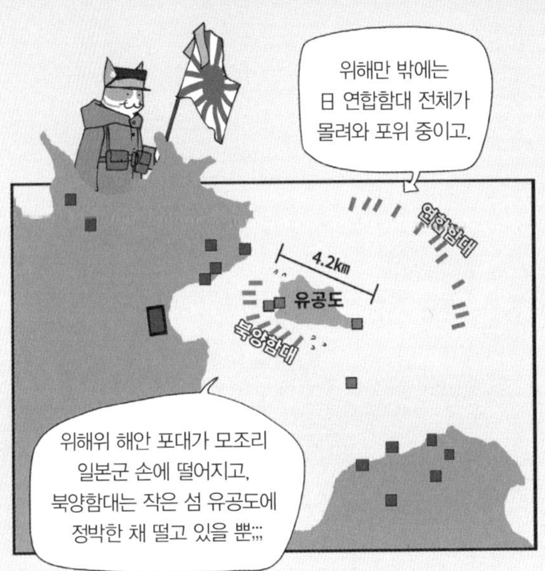
위해만 밖에는
日 연합함대 전체가
몰려와 포위 중이고.
연합함대
4.2km
유공도
북양함대
위해위 해안 포대가 모조리
일본군 손에 떨어지고,
북양함대는 작은 섬 유공도에
정박한 채 떨고 있을 뿐;;;

이제 육상 포대에서
북양함대를 향해
포격하면 게임 끝인가~
으어어어;
든든했던 울타리가
빠져나갈 수 없는
덫이 되었구나;;

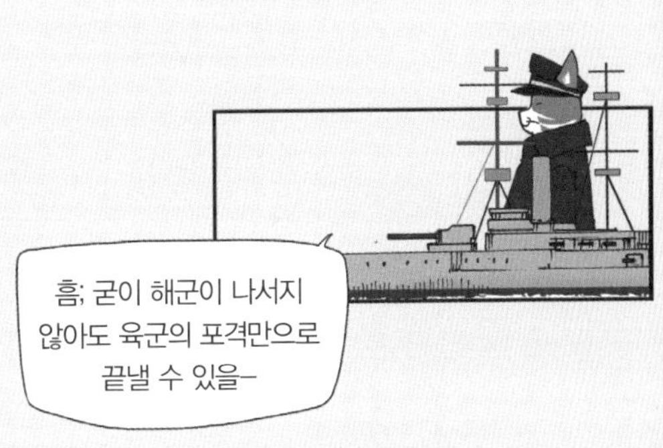
흠; 굳이 해군이 나서지
않아도 육군의 포격만으로
끝낼 수 있을-

꾸엑?!
북양함대가
그렇게
만만합니까?!
콰쾅!

1월 30일, 북양함대의
함포 사격으로 해안 포대
시찰 중이던 11여단장
오데라 소장 전사.

끄아아;;
구경빨
무섭구나;;

위해위 포대의 일본 육군과
북양함대 간의 포격전은
북양함대의 일방적 승리로.

쿠쾅쾅쾅

정원, 진원의 305mm 포가
함선 맞추는 건 어려워도,
육지의 고정 타깃 정도는
맞출 수 있거든요.

육상 포대의
일본 육군에는
애로 사항이 만발.

육군이 끌고 온 포들은
사용 불능이 되었고,
포대의 청군 포들은
익숙지가 않다;;

아니, 근데, 생각해보니까
적 해군을 왜 육군이
상대하고 있는겨?!!
해군은 해군이 상대해야지!!!
연합함대는 대체 뭐하고 있소?!
아, 그, 갑자기
날씨가 영하로 내려가서
갑판과 포탑에 얼음이
너무 얼어서리;;
크악!! 추위는
우리가 더
괴롭거든요?!
이게 참,
함대 움직이기
쉽지 않은 게;;

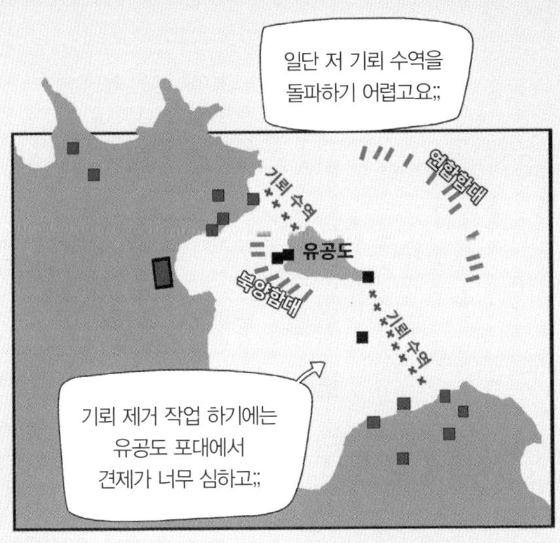
일단 저 기뢰 수역을
돌파하기 어렵고요;;
기뢰 수역
연합함대
유공도
북양함대
기뢰 수역
기뢰 제거 작업 하기에는
유공도 포대에서
견제가 너무 심하고;;

북양함대 함선들은
유공도 섬 자체를 방패 삼아
그 뒤에 웅크리고 있고.

나와라!
정정당당하게
붙어보자!!

너네 육군부터
다 빼고 정정당당
운운해라…

그렇다고
유공도에 상륙하기에는
섬의 방비가 너무 빡세고;;

뻘밭 많은 이 수역
수로도 난해하고;

함 붙어보려고
섬 옆에 함선을 붙여
슬금슬금
엿보노라면—

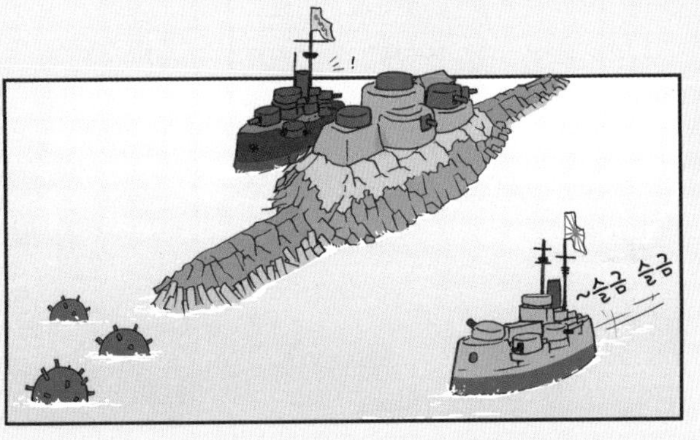
!
~슬금 슬금

섬 그늘에서 정원, 진원이 빼꼼 고개를 내밀고 305mm 쌍탄을 냅다 처갈길 위험성이 대단히 높다.
까꿍~♡ 티타임~!
황해 해전 때, 305mm 한 방 맞아봐서 얼마나 아픈 건지 잘 알지.

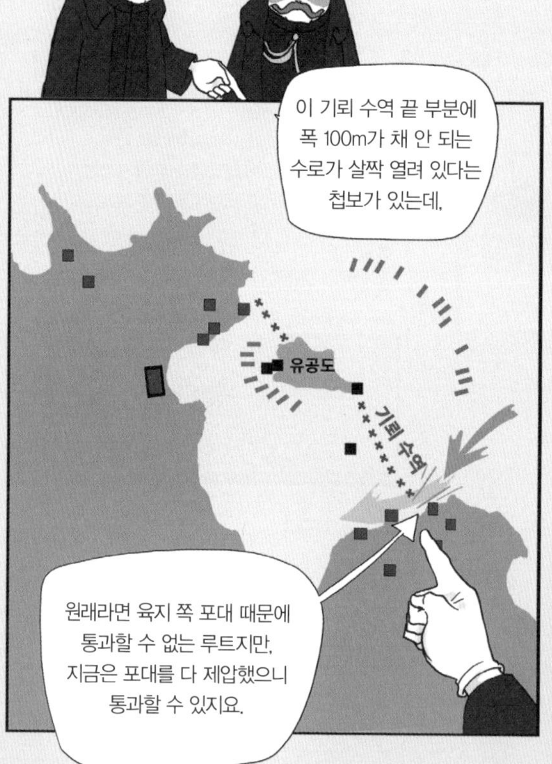
So, 정공법보다는 특공 작전이 통할 부분입니다.
이 기뢰 수역 끝 부분에 폭 100m가 채 안 되는 수로가 살짝 열려 있다는 첩보가 있는데,
유공도
기뢰 수역
원래라면 육지 쪽 포대 때문에 통과할 수 없는 루트지만, 지금은 포대를 다 제압했으니 통과할 수 있지요.

이 루트를 통한 어뢰정 야간 뇌격 작전 수립!
1895년 2월 5일 새벽 3시, 어뢰정 10척으로 야습 개시!

제 1 0 장

End of 북양함대

왜놈들이 위해위로
쳐들어왔다는데
북양함대는 괜찮겠소?
그리 쉽게 발리지는 않을 것이니,
함대가 온존해 있는 동안 어떻게든
강화 교섭을 이루도록
하려 하옵니다.

서양 각국을 통한
강화 공작이 진행 중이긴 하옵니다만-
전쟁 슬슬
지겨운 사람,
손.
동네 분위기
곱창내지 말고
적당히 좀 하지?
늬예
늬예~
(여기까지만
좀 먹고.)
일본놈들은 막판에 어떻게든
전과를 확대해, 강화 협상 시
유리한 위치에서 전리품을
많이 뜯어내려는 속셈인 듯합니다.

그리되지 않도록
북양함대를
온존하려 했는데,
위해위에서 포위되었다니
어쩌려오?

위해위 봉쇄를
풀기 위한 기책이 하나
올라와 있긴
합니다만…

그것은 바로
상승군의 뒤를 이을
상승함대 조직!!
유럽 대리 공사
송육인

칠레와 아르헨티나가 영국에 주문한
최신형 군함 5척과 어뢰정 10척이
현재 폴리머스항에 대기 중인데.
아미고!!
이를 양국에 웃돈을 줘서
바로 구입해버리고!
이득인가?!

그리고
영국과 미국 퇴역 장교들 &
호주에서 선원 2천 명을 고용해
함대를 구성합니다.
마침 골드러시 끝물로
호주에 잉여 인력이
바글거리고 있다.
용병함대!
남자의 로망!!
Fleet 88!!
함대 기지는
필리핀에서 임차!

그리고 그 용병함대로
바로 나가사키나 도쿄만에
돌입해 포격을 갈기면!
끄악??!??!?
유칼립투스포!!
꾸궁
위해위의 일본 함대는
본토를 지키기 위해 돌아가지
않을 수 없을 것입니다!!

어;; 이게
실현 가능한
시나리오임?;;;
뭐라도 해보자는 심정으로
일단 500만 냥 정도 예산을
부어볼까 하옵니다…
FLEET 88
저, 각하;

각하, 위해위에서…
음?
위해위는
거꾸로 해도
위해위?

■■■■가
■■했■■■…
주르륵

1895년 2월 5일 오전 3시,
일본 어뢰정 10척이 침투 루트로 진입 개시.

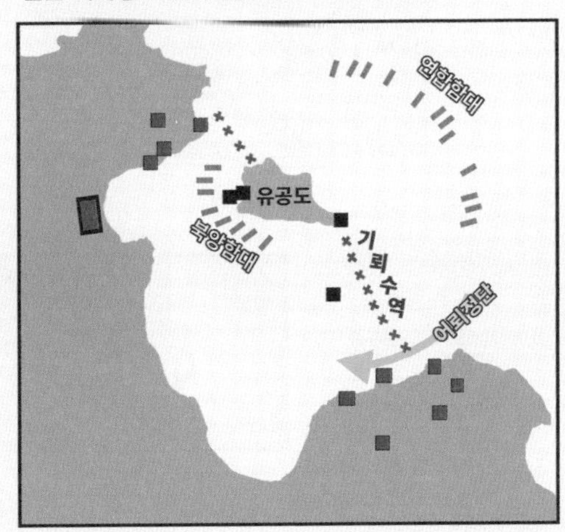
연합함대
유공도
북양함대
기뢰수역
어뢰정단

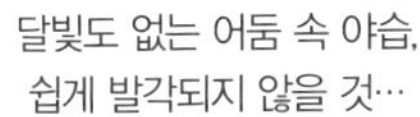
달빛도 없는 어둠 속 야습,
쉽게 발각되지 않을 것…

빛으로!!!!
우왁??!?!?
츠쿵

유공도의 청군은 당연히 탐조등을 갖추고 있었습니다.
이것이 현대전이다!

강력한 불빛을 자랑하는 탄소 아크등이 이미 19세기 내내 사용되었고,

등대에는 강력한 신형 가스등과 거울 구조가 사용되고 있었지요.

20여 년 전 보불전쟁 때부터 이미 탐조등이 사용되고 있었음.
눈갱 자제요!

탐조등 불빛에 노출된 일본 어뢰정들에 사격이 쏟아지고,

문명의 빛 앞에 어둠은 더는 견고한 장막이 아니어라!!
TATATA
우와악!!

어뢰정 4척이 격침, 좌초되고 1척은 도망가고.

쿠와아
겨울 황해, 차다;;

어찌어찌 4척이 살아남아 청 함대를 향해 1척당 2발씩의 어뢰를 쏠 수 있었는데,
제대로 조준하진 못하고 대충 청 함대 방향으로 어림짐작해 발사함;;

출렁

그리고 바로 ㄷㄷㄷ;;;;
아무래도 이 작전 망한 거 같은데;;

어?
그리 발사된 8발의 눈먼 어뢰.
화아악

이런 미친 럭키샷!!
BOOM
정원 대파!!

그중 한 발이
북양함대 기함
정원에 명중!

다음 날 새벽에도 이어진 어뢰정 야습으로 방호순양함 내원과 치원 격침.

사실 워낙 좁은 수역에
함선들이 밀집해 있으니
대충 쏴도 맞는 거죠;;

큿;; 더는
유공도 섬그늘이
안전 수역이 아니구나;;
왜놈들이
집요합니다;;
이제 어떻게든
뺄 수 있는 전력은
빼야 하려나…

2월 7일,
청군 어뢰정 13척이
위해만 탈출을 시도.

살 사람은
살아야죠.

일본 함대의
봉쇄를 뚫지 못하고
모조리 침몰 & 나포.

But,
우린 살 사람이
아니었는갑네!
우리도 탐조등
있음. ㅎ
뚜둥

이 즈음에는 위해위 육상 포대의
일본 육군도 노획한 청군 대포들을
정비하고 제대로 운용 개시,
본격적인 포격에 나섰고.

쿠와아
맞추기 어려운 함선 대신
유공도 포대를 표적으로
제압 포격에 나섰습니다.

연합함대도 접근해 들어와
본격적인 포격 개시.

구구구
슬슬
승리 선언각인듯?

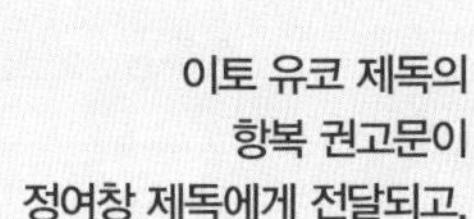
이토 유코 제독의
항복 권고문이
정여창 제독에게 전달되고.

항복하고 일본으로
망명하라니;;;
티배깅 쩌네;;

아니, 어쨌든 이제
항복 타이밍인 건
사실입니다만;;
서양에서도 이 정도로
겜 터졌으면 깔끔하게
항복하는 게 매너죠 ;;
······

군사 고문 존 맥클루어　테오도어 슈넬

일단 해군 엘리트인
좌우 부사령관들과
상의를 좀 해봐야…

아, 좌총병은
위해위 들어오자마자
자결했지;;
어차피 망한 겜,
제일 먼저
이승 탈주한
나님이 승자.

좌총병—진원 함장
임태중은 위해위 진입 때
진원이 잠시 좌초하자,
열받아서 자결.

우총병—정원
함장 유보섬은—

제독께서
부르시는데요;;
응, 저승에서
뵙자고 전해드려라.

2월 10일,
유보섬 자결.

아, 대파된 정원은
확실히
자침시키도록 하고.

하, 잘난 척하던
영국 유학파놈들,
결국 다 제독보다 먼저
자결해버리는구먼.
아니, 근데
함대 인감은 왜
부수십니까?
빡
응, 멋대로 항복 도장
못 찍게 하려고요.

2월 11일,
제독 정여창 자결.

아편 원샷!! 아~
편한 죽음이여
오라!!

아니, 뭔 지휘부가
줄줄이 자결 릴레이야;;
이러면 항복 대표를
누가 맡지;;;
어, 결국 현재 대리님이 함대
선임 장교이시니,
항복 대표를 맡으시지요.
에?!
제가요?!
왜요?
좌충병 대리 양용림
누군가는
해야 할 일이라고요!
응,
자결하면
그만이야.
2월 12일, 양용림 자결.
팔기군도
자결할 줄
안다!!
같은 날, 유공도
수비 사령관
장문선도 자결.

이게 그
베르테르
효과라는 거냐;;
죽음의 굿판을
걷어치우시고~
이제 제발 항복 좀
합시다;;
아니;
왜 내가;;

결국
수륙영무제조(기지 국장)
우창병이 항복 대표를
맡게 된다.

2월 12일,
북양함대의 항복 서한이
연합함대 측에 전달.
2월 15일, 정식 조인.

....
와;; 지휘부가 몽땅 다
그렇게 갔다고요;;;

정원은 가라앉았지만,
진원은 끌고 간다~!

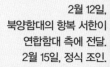

이 항복으로
북양함대의 잔존 함선,
장비는 모두
일본 측에 인계.

청군 全 장병은
무사히 옌타이로
철수하도록 허용.
이를 위한 수송선
한 척 남겨줌.

지휘부 집단 자결에
일본 제독이 감명받아서
이리 관대한 조건에
합의했다던데.
훈훈한 건지,
흉흉한 건지…

정여창의
시신 운구에도
예를 다 함.

위해위 전투가 마무리되자마자
위해위의 일본 병력은 모두 철수.
(유공도의 포대 수비 병력만 남기고)

굳이 산둥반도에까지 전선을 만들고 싶지 않거든요.
북양함대 제거와 위해위 기능 정지라는 목표를 이뤘으니 미련 없이 철수!

그렇게 동양 최강이라던 북양함대 15년 역사는 이리 패망으로 마무리된 것이었다… 으어어어어어~

……

아, 그리고 만주에서는 일본군이 요하를 건넜답니다;;

곱씨의 오만잡상

북양함대가 궤멸당하고 청일전쟁이 끝난 후, 청나라는 영국과 독일에서 다시 몇 척의 군함을 사들여 함대 재건을 시도합니다. 하지만 이 또한 뒤이은 의화단의 난을 거치며 모두 서구 열강에 압류되어 결국 중국의 대양해군은 소멸, 100여 년이 지난 1990년대 말 중공 해군의 현대화 사업 이후에야 다시 재건할 수 있었습니다. 그런 해군 현대화 분위기 아래 북양함대에 대한 재평가와 기념사업도 진행되었습니다. 북양함대를 기리기 위해서는 함대의 간판 함선이었던 정원과 진원의 유해를 찾는 것이 중요한 일이었겠지요. 일단 진원은 일본으로 끌려가 일본 해군에 편입되어 러일전쟁에까지 참전했고 이후 연습함, 표적함으로 활용된 후 1912년 해체, 조각조각 고철로 팔려 사라지게 됩니다. 진원의 거대한 강철 닻은 도쿄 우에노공원에 전시되어 있다가 제2차 세계대전 후인 1947년 중국에 반환, 오늘날 중국 인민혁명군 박물관에 자리하게 되었습니다. 진원의 언니함인 정원은 위해위에서 뇌격당해 좌초, 이후 일본군에 넘기지 않기 위해 자침 처리되었습니다. 다음 해인 1896년 후쿠오카의 중의원 의원이자 정치단체 겐요사(玄洋社) 회원이었던 오노 유스케(小野隆助)가 정원의 함체 일부를 인양해 후쿠오카로 가져옵니다. 그렇게 가져온 정원의 자재들로 다자이후에 정원관이라는 기념관을 건축. 정원의 장갑판은 철제 대문으로, 선실의 문과 함 내 인테리어들은 그대로 건물 내 입식, 돛대는 들보로 활용되었지요. 이 정원관은 오늘날까지 다자이후천만궁 경내 시설로 남아 있습니다. 하지만 정원의 이름은 그렇게 끝난 것이 아니었으니, 2000년대 들어 위해위 지방정부와 현지 기업의 합작으로 복원 사업이 추진되었습니다. 그렇게 정원의 설계도를 그대로 재현, 엔진을 제외한 모든 부분이 오리지널 정원의 1 대 1 복사품인 정원이 2004년 진수되었습니다. 이 클론 정원은 현재 위해위에 정박, 청일전쟁과 북양함대를 추념하는 수상박물관으로 활용되고 있답니다.

제 1 1 장

봄,
종전을 향하여

청 측에서는 1894년 9월 황해해전 직후부터
이미 일본과의 강화 협상을 타진하고 있었지만–
Peace
무승부로
하지 않을래요?
청 외교 고문 前 美 국무장관 존 W. 포스터

화르륵
응, 항복 문서
입에 물고
기어서 오세요.
일본 측은 청 측의 강화
제의를 철저히 묵살.

1894년 10월,
청은 텐진 해관장
구스타프 데트링을
밀사로 일본에 파견.
청 측의
강화 교섭안을
가져왔습니다.
대충 일본이 조선 먹는 거
인정하는 선에서 이 무익한
전쟁을 끝내지요?

일본 정부는 밀사는 상대하지
않는다는 원칙으로 묵살.
응, 꺼지세요.
우린 무익한 전쟁이 아니라
유익한 전쟁 더 할랍니다.

위해위 공략이
시작되기 직전인
1895년 1월,
청의 정식 교섭단이 방일.

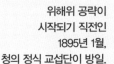

거, 그쪽이 전쟁
이긴 걸로 치고,
이쯤에서 끝냅시다;;

도호부 시랑
장음환

호남순무
소우렴

조선 + 합의금 두둑히
얹어 드리리다.

거, 아직도 상황 파악이
안 되시나 본데,
좀 더 현실 인식을
개선하신 후에 봅시다.

이 교섭단도 전권 사절이
아니라고 쌩까고.

천 년에 한 번
올까 말까 한 이 대박 찬스에
골수까지 쪽쪽 이득을 빨지 않으면
천하의 머저리가 되는 거야.

종전 직전까지
최대한 전과를 확대해
전리품 더 뜯어낼
근거 삼아야죠.

So~다!!! 뭣보다 반드시
뜯어내야 하는 것은 요동!!
요동친다!! 하트!!
요동
아니 뭔,
요동 정벌, 못 한
최영 장군
귀신이 붙었나;;

요동을 발판으로
만몽까지를 제국의
이익선으로 삼아야!!

그리고 대만도 뜯어내야죠.
유신 이후 처음 찔러본 섬!
대만을 후려내 쿠릴열도에서
대만까지 이어지는 서태평양
그레이트 도련선을 완성시킨다!
오키나와
대만

그러려면 대만에도 군대를 보내
깃발을 꽂아놔야겠지요!

이러한 목적하에,
1895년 봄을 맞이하며
종전 직전,
일본의 마지막 전과 확대
러시가 몰아친다!

일단 만주에서는
겨울 작전으로 하이청까지
일본군이 먹은 상황에서,

선양
하이청
가이저우
평청
1군
단둥
베이징
톈진
뤼순 다롄
웨이하이

동상과 동계 질병으로
일본군의 비전투 손실이
크게 발생한 가운데-

만주는 청조
발흥의 땅!!

6만 병력을 동원한 청군의 산발적인 공격이 겨우내 이어진다.

하;;
수도권에서
병력 죄다
뽑아 붓는다!
요하
대요하
선양
안산
하이청
잉커우
가이저우
베이징
단둥
톈진
뤼순
평양

청군은 1894년 1~2월에 걸쳐
4차례의 하이청 공격을 이어가는 등

청군치고는
꽤 빡세게
들이댔지만.

애초에 만주에 전개한
청군 6만은 온갖 잡다한
계통의 부대들.

각각의 부대
지휘 라인이
어떻게 되는지
아무도 모름.
서태후 동생
계상
신모군 제독
송경
상군 군무
오대미
흠차
유곤일
봉천장군
의극당아
안찰사
주복
이 장군들이 서로 무슨
관계인지도 모르겠고,
누가 위인지도 모르겠고.

여기저기 다른 사령부에서
다른 명령서가 날아온다.

음, 4지선다
명령서인가…
수비!
공격!
잘 고르세요.

그 상황에서 3월이 되자마자
일본군의 요하 공세 시작!

겨울 끝!!!
3·1절이다!
1군 3개 사단
총공세!
요하
대요하
선양
안산
하이청
잉커우
가이저우
베이징
단둥
톈진
뤼순
평양

뚜둥

청군 6만은 일제히
요하 건너로 패주.

그래도 다행히
큰 전투는 피했는지라
피해 규모가 아주
크지는 않았지요;

3월 2일, 안산 점령.

3월 6일,
잉커우 점령.

요하
대요하
선양
안산
하이청
잉커우
가이저우
베이징
톈진
뤼순

잉커우는 만주 내륙으로 향하는
요하 수운로의 바다쪽 관문인 요항.

그리고 저 요하 삼각주는
홍산문화 발굴지이기도 하고…

그 상황에서 3월이 되자마자
일본군의 요하 공세 시작!

어휴, 우리는 문명국
군대지요. ㅇㅇ
포로들에게
밥도 줍니다!
오, 뤼순학살 소문과는
다르게 매우 문명문명한
일본군이군요!
…. ;;;;

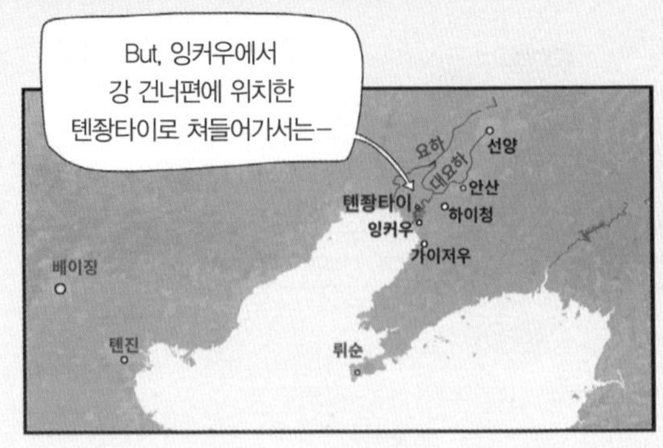
But, 잉커우에서
강 건너편에 위치한
텐좡타이로 쳐들어가서는-
요하
대요하
선양
텐좡타이
안산
잉커우
하이청
가이저우
베이징
톈진
뤼순

그래! 이게
일본군이지!!

청군 소탕 후,
시가지를 싸그리
다 불태우고 돌아온다.

이러한 일본군의
막판 스퍼트에 대해-

미국은
깊은 우려를 표합니다;;
저러다 죽겠어요;;

거, 이제 좀
그만하라고
진지하게 권고하죠.
언제나 미국인들이
나서야 세계 평화가
이뤄지는군요.

존 W. 포스터
前 국무장관

駐청 미국 공사
찰스 H. 덴비

駐일 미국 공사
에드윈 던

청조에서 대충
항복 비스름하게
강화 협상하겠다는데요.
Peace!

…그러면 그에 걸맞은
전권 대표를
보내라죠~
뭐, 공친왕이 직접
온다든가~

음, 뭐, 내가
직접 가야 한다면…

그, 무슨 망극한
말씀이시옵니까!!
황백께
어찌 그런 수모를;;
이건 당연히 제가…

…이 지경에 이르기까지
소신이 깨끗하게 자결하지 않고
구차한 목숨줄을
걸어놓은 것은
결국 이 소임을
위해서였나이다…

지난 30여 년 양무의
대업을 한 줌 먼지로
날려버린 책임은 오로지
소신의 오명으로
역사에 남기겠나이다.

1895년 3월 17일, 이홍장이
강화 협상 전권대표로 일본行.

$#ㅅB! ㅅ@b! s#@ㅂ!
중화 5천 년의 난신
네임드 확정인가…
But, 일본 가기 전에
이건 세팅하고 가야지.

하라쇼~!
즈드라스트부이쩨!

駐청 러시아 공사 카시니 백작

일본놈들이 분명
■■을 요구할 것인데-
아아, 그건
이쪽에서 적당히-
대신 대가로
■■…
아니, 그건
무리인데;;
허허,
저희 새 황제께서
극동에 관심이
지대하십니다.

일본으로 가기 전,
이홍장은 러시아 공사와
2~3일에 걸쳐 밀담.

자,
그러면 그리 뜻을 다잡고…
각하께서는 큰 임무
잘 치르고 오시길.

이홍장-카시니 밀약

1895년 3월 20일,
이홍장은 시모노세키 도착.

텐진조약 이후
10년 만이십니다~
…10년새 머리
많이 까지셨구료.

외교 고문 포스터 　부사 이경방 　정사 이홍장

여기 시모노세키는 복어 요리가 유명하답니다. 부끄럽게도 제가 소싯적부터 즐기던 요리입죠. ㅎ
아, 뭐, 복어 요리는 저도 상하이에서 접해봤습니다.
그러면 잠깐 복어 회 손질을 기다려보실까요~

(아놔! 이홍장이 벌써 일본 왔는데, 대만 쪽은 어떻게 된 거요?!)
(대만 근처 어디 무인도에라도 깃발을 꽂아야 대만을 협상 테이블에 올릴 거 아녀?!!)

으어어! 대만 해역에 미친 풍랑이 불어닥쳐서 상륙은 고사하고!
원정단 기함이 좌초해버렸습니다!!

3월 21일,
대만 팽호제도에서
일본 원정단 기함
요시노 좌초.

제 1 2 장

시모노세키 회담

청 일
강화조약

1895년 3월 20일, 청일 시모노세키 회담 시작.

시모노세키 고급 여관 춘범루.

시모노세키의 인허가 1호 복요리 식당이라지.

일단, 이 전쟁 종결을 위해 일본 측이 제시하는 4대 조건은-

1. 청과의 구질서 관계 청산을 통한 조선의 완전한 독립.

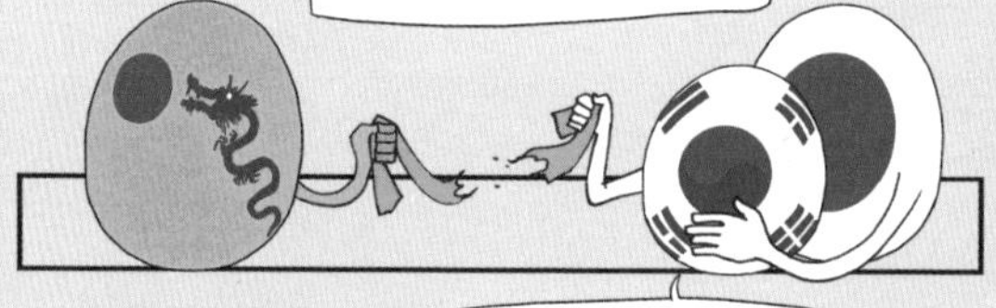
일본이 저 중화 구질서 속국 조선에 자주 독립과 문명개화를 가져다준다는 명분이 이 전쟁의 간판이다!
구질서 속국에서 신질서 보호국行인감요;

2. 적당한 영토 할양.

뭐 전쟁 치렀으니 뭔가 이득이 있어야겠지요?

3. 적당한 전비 배상금.

원래 진 쪽이 겜비 내는 게 국룰이죠?
元

4. 청과의 평등조약을
불평등조약으로
업그레이드.

이제 일본을 청이 불평등조약 맺은
서구 열강과 동급 대우해주셔야죠?

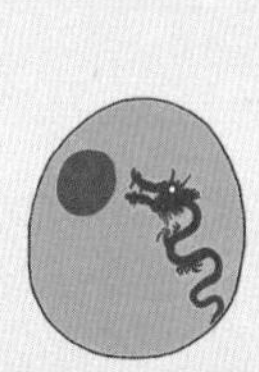

천상계

이 4항에 대해서는
청조에서도 이미 대충
각오하고 협상에 임했으니
큰 틀에서의
이의는 없다.

전쟁 졌으니
어느 정도 수모는
감내해야…

언젠가 훗날
따갚되하면 됨.

일단 강화에 앞서
전쟁 상태의
휴전부터…

…휴전하려면
산해관, 톈진을
담보로 내놓으라는 게
우리 군 입장입니다.

…휴전은 집어치우고,
바로 강화 논의로
넘어갑시다…

일단 저희 대장성 계산으로 전쟁 배상금은 은 3억 냥 (약 4.5억 엔) 내놓으셔야 하고요.
아니, 저기요; 일본 1년 국가 예산이 8000만 엔 따리 아니었나요;;

영토 할양은 요동을 떼어 주십시오.
정확히는 대요하 동쪽과 북으로는 선양 바로 아래, 일본군 점령지까지.
선양
대요하
+ 대만도 내놓으시고요.
아니, 너무 갑작스러운 영토 욕심 풀 악셀 아니요?;;

우리 육군의 전체 피해 중 80%가 저 유동 전역에서 났다!! 병사들의 핏값으로 진출한 땅!
아니, 왜 병사들 목숨으로 생색은 자기가 내남;;
병사들의 발 닿은 곳까지는 무조건 영토로 확보한다는 것이 군의 확고한 뜻!!

(전쟁 기간 일본군 전체 전사자 약 1500명, 병사자 약 1만 2천 명)

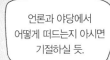

아니, 그래도;; 양놈들도 전쟁에서 저리 많이 뜯어가지는 않았는데;;
어휴, 일본 정부의 영토 획득안은 그나마 양반이에요;
언론과 야당에서 어떻게 떠드는지 아시면 기절하실 듯.
대륙 경영!! 정부는 천 년에 한 번 오는 역사의 찬스를 놓치지 말라!!

만주를 두껍게 다 먹어야
러시아와의 대결에서
종심을 확보할 수 있다!!
정부案 +
만주 동부 전체!
이타가키
리버럴과
데모크라시에 앞장서는
자유당의 영토 획득案.
자유당案
정부案
좀 더 국수적인
입헌개진당案.
기왕 먹을 거면
통 크게 중국 동부 해안
다 먹어버리자!
입헌개진당案
정부案 + 자유당案 +
중국 동부 해안 3성!
오쿠마
아니, 뭔, 단체로
판도 뽕을 처드셨나;;
정치인 현실감각 어디?!
뭣보다 대만은
대체 뭔 구실로
먹겠다는 거요?!
아, 잠깐
전화 좀
받겠습니다~
ㅇㅇ.
ㅇㅋ.
굿!

우리 군이 방금
대만 팽호제도 상륙해서
깃발 꽂았답니다.

대만에도
침 바름. ㅇㅈ?

1895년 3월 23일,
풍랑과 기함 좌초 등의 악재를
뚫고, 후비 보병 병력
약 5500명이 팽호섬 상륙.

타이베이
샤먼
타이중
팽호제도

히시지마 요시테루 대령

으어어어, 으아아아아아.

아니, 근데 님들
안색 왜 그리 썩음?
항해 빡셌나 봄?
으어 으어;;

강화도 반 조금 안 되는 크기의
팽호섬 수비대는 바로 항복.

그보다 훨씬
심각한 문제가
있어요…

이 원정대
병력 다 격리 수용하고,
팽호제도 원정은 다른 병력으로
교체해서 진행해야 합니다;;
무리다;;
강화 회담 앞두고 팽호제도
작전 지연으로 윗선에서
닥달하고 있는데;;
최대한 빨리 출발해야;;

이 원정대는 사세보에서
출항 직전 이미 콜레라로
사망자 2명 발생.

결국 원정대는 콜레라가
퍼진 상태 그대로 출항.

콜레라는
물 끓여 마시면
안전하다!!
뭐, 근대화된
최신 군대니까
괜찮겠지…

미친
너글 왜구
클라스;;

그렇게 팽호제도에 내린
일본 병력 5500명,
한 달 내 1천 명이
콜레라로 사망.

섬의 식수 부족으로
지옥 레벨 상승…

저렇게 이런저런 고생으로
일장기 꽂은 땅들을 청조가
내어놓길 거부한다면!

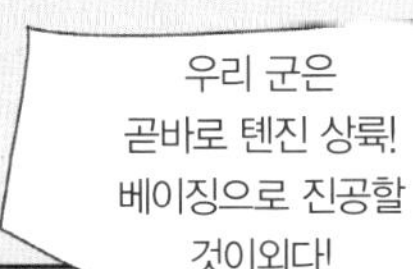
우리 군은
곧바로 톈진 상륙!
베이징으로 진공할
것이외다!

선양
잉커우
베이징
톈진
뤼순

이를 위해
뤼순에 7개 사단,
10만 대군 집결 中!

베이징 진공군 총사령관에
아키히토 친왕 착임!

내가 그냥 바지사장 황족이
아니여. 무진전쟁 때부터
지휘봉 잡아본 사람이라고요.

크읏!! 난 그냥 여기서
복어독으로 죽을 테니
감당들 해보쇼!!

후훗,
복어 조리기능사가
손질한 복어는 아무리
먹어봤자 그냥
맛있을 뿐이죠.

꾸역 꾸역

복어 요리 합법화를
아무 대책 없이
지른 게 아니랍니다.

큼! 일단 내일
얘기합시다!
복어, 맛있긴
맛있군요.

1895년 3월 24일 오후,
이홍장은 숙소인
인죠지 절을 향해
가마로 이동.

청일 회담을 위해
시모노세키 전역에
보안조례가 내려진
상황이었지만

....

경비가 그리 삼엄하진 않았고.

아무래도,
역시 양놈들이
움직여줘야…
타다닥
음?

청국 북양대신 이홍장은
고야마 아무개의
총탄을 받으시오!!!
아; 나, 북양대신
짤렸는데;;

탕

(요시!!
Grand 타이밍!!)

저격범은
고야마 도요타로라는
전직 자유당 장사.

지금 전쟁 끝내면
안 된다고!!!
중국을 멸망시킬 수
있는 타이밍에
확실히 무너뜨려야
후환이 없을 것이야!!!

끄악!!! 이 타이밍에
저쪽 협상 대표 총격?!!?
국민 트롤링
타이밍 예술이네!!
쿠클럭
폐결핵

여기서 이홍장이 바로
협상 접고 귀국해도 당연지사!

평화를 위해 온 사신에게
총질이라니!
무도하다! 무도해!!

그리고 전쟁이
장기전으로 계속 이어진다면?!

베이징 함락당해도
내륙으로 도망가면
그만이야~ㅎ
솔직히 고백하자면
베이징 진공 협박은
뻥카였음;
내륙 진출도,
점령지 유지도
더는 무리다!!

여기에 열강은 이제 건수 잡고
제대로 개입해 들어오겠지.

와, 협상하러 온 대표한테
총질하고 수도로
진격한다니, 혐성 보소;;
ㄷㄷㄷㄷㄷㄷ
그러고 보니 일본 본토가
이제 빈집이네?

일본 정부 수뇌진은
총의를 다해
이홍장에게 전력 사죄.

……
국내 최고 의료진에,
프랑스 의료진에,
천황 폐하의 친서, 위문품
기타 등등 다 받아주시길;;
뭐, 다행히 안경 철테가
총알 위력을 감소시켜서
목숨은 건졌소이다.
아아,
역시 갓경!!

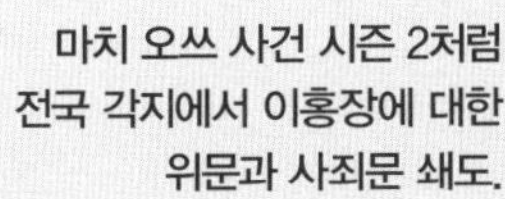

마치 오쓰 사건 시즌 2처럼
전국 각지에서 이홍장에 대한
위문과 사죄문 쇄도.

중화 영웅 이홍장 각하
쾌차 기원!!

산해관, 톈진을 담보로
받지 않으면
휴전 안 된다고요!!
개소리 진압하고
즉시 휴전!!
텅

이홍장 저격에 대한 유감의 의미로
천황은 칙령을 내려
군의 고집을 분쇄하고 무조건 휴전 발령.

강화안도 이쪽에서
조금 더 양보해드립죠;;
요동 할양안은 기존 안에서
반 깎아서,
남쪽 절반만 받겠습니다;
배상금도 3억 냥에서
2억 냥으로 깎아드리고요;;
(하지만 대만은
받아야 함.)

베이징에서도 대충
강화 조건에 동의.
(총알 한 방
더 맞으면
더 깎을 수…)
뭐 저 정도면
선방임. ㅇㅇ
....ㅇㅋ

그렇게
1895년 4월 17일,
시모노세키조약 조인.

4대 조건이 결국 다
관철되었지요.

반자이!!!
카츠다!!!
(勝)
청일전쟁~
시마이!!
천황 폐하
만세!!
대일본제국의 승리!
청일전쟁은 대일본제국의
승리로 끝났습니다.
おでんのうへいかバンザイ!!
이겼츠!! 오늘 저녁은 돈카츠다!!

(이제…
일해라.
러시아….)

굽씨의 오만잡상

원래 복어는 사람 잡는 독으로 유명한 생선. 이 때문에 에도막부도 일찍이 복어 취식 금지령을 내렸습니다. 하지만 복어 맛에 홀린 사람들은 복어를 '뎃포(조총)'라는 은어로 부르며 계속 먹어댔습니다(총 맞아 죽는 독의 맛). 오늘날 일본에서도 복어 회를 '뎃포 사시미'- 줄여서 '뎃사라'고 부른다고 합니다. 시인 고바야시 잇사(小林一茶)의 "복어 먹지 않는 놈에게는 후지산도 보여주지 마라"라는 시구가 전해져 내려오니, 맛의 최고를 마다하는 놈이 산의 최고는 봐서 뭐 하냐- 라는 뜻이랄까요. 이렇게 맛에 홀려 귀중한 목숨을 거는 어리석음에 대해 요시다 쇼인(吉田松陰)은 "복어 먹는 놈은 무사가 아니다"라고 일갈했지만, 요시다의 제자인 이토 히로부미는 복어 먹는 놈 쪽이었다고 합니다. 야사에 따르면, 총리가 된 이토가 시모노세키의 춘범루에 묵었을 적에 태풍이 불어닥쳐 총리의 밥상에 올릴 생선이 없었다고 합니다. 하는 수 없이 주인장은 구할 수 있던 유일한 생선인 복어를 요리해 총리의 밥상에 올렸고, 이를 맛본 이토가 천하진미라 감탄하며 1888년 복어 요리 합법화를 공포했다고 하는데요. 사실 이토는 젊은 시절부터 이미 복어 마니아였으니 저 일화는 일종의 쇼가 아니었을까 싶습니다.

제 1 3 장

제국의 아침

덴노 헤이카
반자이!!
장병 여러분
아리가또~!!
부처님, 예수님, 800만 가미사마,
아리가또오!!!

승전을 맞이한 일본 열도는
환희의 도가니行.

아아, 실로 감사 찬양
반자이 할렐루야.
아마 우리 언론
업계가 가장
감사한 이들이겠죠~
ㅎ

《고쿠민신문》 사장
도쿠토미 소호

이 전쟁 특수로
신문 업계는 사상
최강의 호황맞이!!!
¥
아, 아무 글이나 써서
종이에 인쇄하면
돈이 복사가 된다고요!!

130여 명의 종군 기자단에
종군 화가들까지 동행.

전투 장면.jpg
커미션 받습니다~

영웅적 전투 장면을 담은
프로파간다 니시키에가
폭발적으로 팔려나갔다.

퀄 쩐다!!
북한 감성이긴
하지만…

유명 전투마다
군가가 제작되어
군민에 널리 불려졌고.

"목청껏 외쳤네~♬
아직 가라앉지
않았는가~
정원은~♪"
"눈 속의 진군~♪
얼음을 밟고~♬"
"키쿠치 코헤이는
죽어도 입에서
나팔을 떼지
않았다네~♪"
군가들이 오리콘 차트
상위권 도배!

선전성 경쟁에
돌입한 신문들에 의해
온갖 국뽕 기사들이 넘쳐났고.

일본군의 강함에 유럽이 경악!
對일본 구애 경쟁 시작?!
러시아가 일본 눈치를 보고,
일본과의 동맹을 영국이 애걸복걸!

아주 거짓말은
아니라고요.

근데, 신문들이 원래
이렇게 親정부
프로파간다였나?
ㅎㅎ~! 저희 언론은
정부의 전쟁 수행에
전적으로 협력 중입죠!
일본군! 세계 전쟁사의 신화가 되다!
인류애 넘치는 군정에 점령지의 지나인들도 감동!
전쟁 전 신문들
논조가 어땠는지
기억이 안 나네.

정부의 굴욕 외교!
가열차게 깝니다!
LIBERAL
自
비판정신 투철한
정론직필 참언론!

분명 전쟁 전에는
신문들이 자유당과 함께
번벌정부 까는 논조로
먹고살았던 것 같은데…

사실 예전에는 전반적인
대중 여론이 번벌정부 까는 자유당의
주장에 동의하는 분위기였죠.
LIBERAL
自
ㅇㅇ. 그래서
자유당이 의회
1당인 것.

자유당계 과격파들의
테러 행위들까지 의거로
여겨지는 분위기가 있었음.
테러리스트가 아니라
지사, 의사다!

그런데 어느 시점에선가
분위기가 반전되기 시작하고.

불평등조약
개정에
성공했습니다!!
조약
개정
헐…?
LIBERAL
自

그리고 이어서–

對청 개전!!
동양 1짱 자리를 놓고
국운을 건 전쟁 개시!!
전 국민의
충의를 모을 때!!
오오!! 우리 정부
잘한다! 잘한다!!
정치적 견해 차이를 떠나
우리는 모두 천황 폐하의
충량한 애국 신민!!

뭐,
신분제 사무라이 천하가
끝난 건 좋지만,
유신
번벌정부의 부패와
권력 독식이 국민에게
좋게 보일 리가 없죠.

돌이켜 보면 메이지 유신 성립 이래
유신 정부는 딱히
국민의 큰 지지를 받는 정부라고는
말하기 힘든 것이었는데.

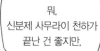

정부의 서구화, 근대화 투자도
의구심의 대상이었고.

백성의 혈세를 쥐어짜
온갖 서양 장난감에
쏟아붓는데…
꼼지락 꼼지락
저게 과연
쓸모 있는 일일지?

그 모든 분위기가
일거에 빈전!

청일전쟁 개전!!!
파죽지세 승전보!!

우와아아아아!!!

난생 처음
느껴보는 뽕맛!!

유신정부가
옳았다!!

이, 이것이
국뽕?!!

압도적으로
청군을 발라버리는
일본군의 무력!
대륙의 천자국을
발라버리는 섬나라
일본의 국력!
오오!
느껴진다!!
그 힘이!!!
국민은 그 강대한 힘이
마치 자신들의 손끝에
어린 것과 같은 놀라운
체험을 하게 된 것이다!

내가 역사에 길이 남을
강대한 힘의 일부를
이루고 있다는 소속감.

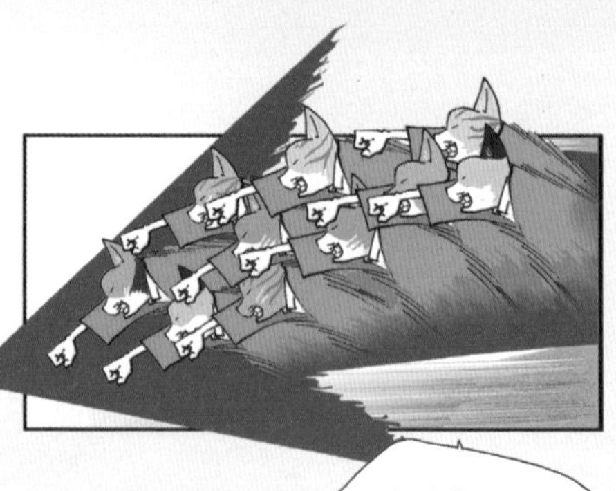

나와 너, 우리 모두가
한마음 한뜻으로 한 방향을 향해
주먹을 내지르며 느끼는 국뽕 황홀경!

이 전쟁으로
그 뽕맛의
문이 처음으로 활짝
열리게 된 것이다!

그 뽕맛을 이루는 성분 중에는
문명 뽕도 있었으니.

"이 전쟁은 문명과
야만의 전쟁이다!!"

후쿠자와 유키치

일본은 문명 세계의
일원으로서 미개 야만
지나를 토벌하는
성전을 수행하는 것!

아니, 저기;;
동양이 힘을 합쳐
서양에 맞서야;;

일본은 똥양 야만인들
손절하고 서양 클럽의
일원이 되어야 한다!

So, 청일전쟁 국면을 맞아
일본의 시국 논단에서 **흥아론**은
탈아입구론에 당분간 밀려나는 형세가 된다.

큭, 그러나
다시 득세할
날이 올 것이다…

문명 뽕이
있을 만한 것이–

우리는 헌법도 갖추고,
법치에 의한 만민 평등을
이룬 개화된 문명국!

헌법 憲法

그에 반해, 저 지나놈들은
야만적인 전제정치하,
무지한 노예 무리일 뿐.

일본인은
서양인들과 같은
우월한 문명인!
무지몽매한
미개인들,
열등한 패배자들.
명예 백인 자격증
가능하겠죠?

청일전쟁을 통해
문명 세계 일원으로서
일본인의 우월성이
인증되었다고
여기게 되었으니.

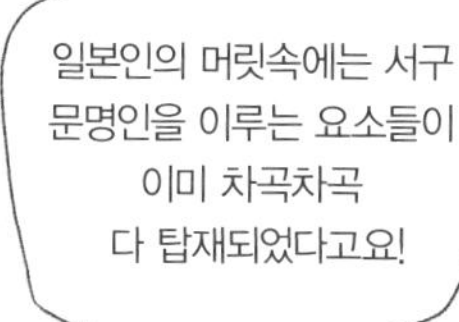
일본인의 머릿속에는 서구
문명인을 이루는 요소들이
이미 차곡차곡
다 탑재되었다고요!

서구적
세계관
시장경제론
사회관
과학관
위생
국가관

이러한 국민 문명화의 1선은 초등 보통교육.

1870년대 내내,
각급 학교 5만 개 개교
목표하에 마구 설립된
4년제 심상소학교.

(그 법적 강제,
의무화는 1886년)

기본적인 문해,
사칙연산, 국가·사회관을
국민 전체에 욱여넣었고.
7 X 8=56
7 X 9=63

이어서 군대가 국민 문명화의 2선 역할을 수행한다.

기초 한자, 알파벳,
조직문화, 지리,
시계 보는 방법
숙지!
天皇陛下 萬歲
Japan
army

농촌 출신이 대부분인 신병들에게
군대는 서구 문물 초견의 장.

처음 입어보는
단추 달린 옷.
처음 신어보는 구두.
딱딱한 가죽 때문에
신병 절반이 발병 남;;
서양옷 착·탈의,
요로이보다
빡세구먼!!

고된 노동과
가난에 익숙한
농촌 청년들에게

군대는 합리적이고
쾌적한 문명 생활을
선보였고.

초가집에서
해 뜨기 전에 일어나
쫄쫄 굶으며 막일하던
농촌 생활에 비해
기와지붕 아래에서 자고
정해진 시간에 정해진
일하는 군대 생활
개꿀!

삼시 세끼
흰쌀밥??!?!?

다이묘
체험인가?!

근데 이건
비주얼이
좀;;

1880년대,
군 식단에
카레 보급 시작.

뭣보다 군대가 제공하는
흰쌀밥이 치트키였으니.

흰쌀밥은 실로
병사들의 사기 + 10 아이템!

흰쌀밥 먹으려고
군대 왔는데 뭔 놈의
푸석한 빵이냐!!
군심은
밥심!!
흰쌀밥은 군의
자존심!

So, 군 식단 서양화는
실패하게 된다.

Vitamin
B
나 없으면
바로 퍼지는
허접~♥
수전증~
♥
부종~♥
메스각기?!

흰쌀밥 식단 덕분에
군에 각기병이
창궐하기도.

아무튼 메이지 군대는
전근대 농촌 청년들을
근대 군필 개화 아저씨로
탈피시키는 인생대학
역할을 수행한 것.

문해력: 0
시간, 위생 관념: 0
굽실거리는 소작민.
시계도 볼 줄 알고
엑셀로 근무
시간표도 짜고.
軍
전통사회 신분 의식 따위, 군대
계급 짬 앞에서는 의미 없다!
기계적 조직문화
내재화의 근대성 획득!

그 소수의 군필이
마을 청년 리더로 나서서
지역사회 의식 근대화에
앞장선다!!
충군! 보국!
추, 충군~
이예~

뭐, 현역 징집율이
청일전쟁 기간에조차
15% 미만이었기 때문에
전체 청년 중
군필이 차지하는 비중은
절반 이하였지만.

이처럼 메이지 일본의
근대 국민 만들기는
교육과 군이라는
투 트랙으로
이루어진 것이기에

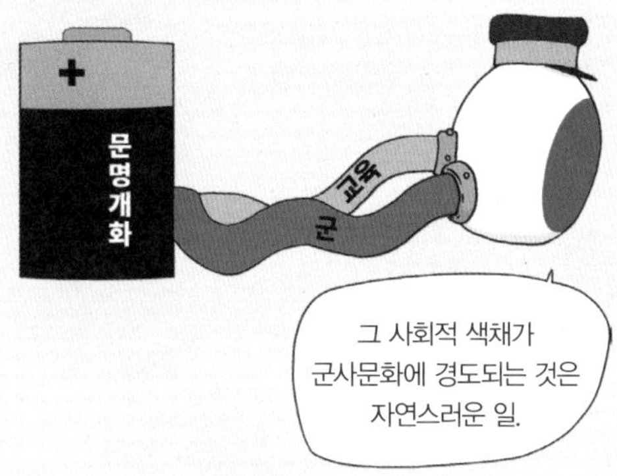
문명개화
교육
군
그 사회적 색채가
군사문화에 경도되는 것은
자연스러운 일.

종전 직후부터
전국 각지에 우후죽순으로 솟아난
청일전쟁 전승 기념비,
전사자 숭모비들은 그러한
군사문화의 물리적·시각적 실체.

지나정벌 전승기념비
우리 지역이 영광스럽게도
전사자 10명을 배출했으니!
체면치레는 했구먼!

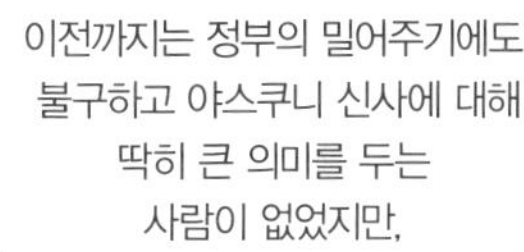
이전까지는 정부의 밀어주기에도
불구하고 야스쿠니 신사에 대해
딱히 큰 의미를 두는
사람이 없었지만,

그러한
전사자 숭모의 극의는 야스쿠니 신사.

야스각이다.
야스각.

청일전쟁을 기점으로
야스쿠니 신사는 진충보국의 국민적
메모리얼 파크로 자리매김했다랄까.

병 걸려 죽은 건
그냥
개죽음이잖아?

병사자 1만 2천은 배향이
거절되었음;

그런데 청일전쟁의
최초 야스쿠니 신사 배향은
오직 전사자 1200여 명으로
한정했다.

병사자 입장 금지

병사자들은 4년 후에야
천황의 특명으로 합사가
허락되었다…

아무튼 언론 포섭,
국민정신 고양, 군사문화 확산 등의
모든 무형 성과들은
청일전쟁의 막대한 유형 성과들이
있었기에 따라온 것들이고!
영토!
돈!!
대만
요동
元

이제 그 성과들을 바탕으로
열강 클럽 진입을
타진해봅니다!
클럽 가입은
공짜가 아닌데~
중국 참교육 퀘스트
클리어했고요~

시모노세키조약 조항 중에,
'중국 內 외자 사업장 설립, 고용 자율화'
항목을 넣어서 최혜국인 형님들께서
그 혜택을 다 누리실 수 있도록
조치했습죠~ㅎㅎ
오, 제법인데?
중국과 계속 밀당하던
사안을 한 큐에
해결해주다니~ㅎ

이렇게 서양 형님들에게
오미야게도 돌렸으니
청일전쟁 결과, 향후 극동 나와바리는
일본이 맡는 걸로 국제적 합의가
스무스하게 이뤄지는 거겠죠?
대만
요동
…
으아~ 제국의
아침 돋는다데스~!

제 1 4 장

갑오경장

군국기무

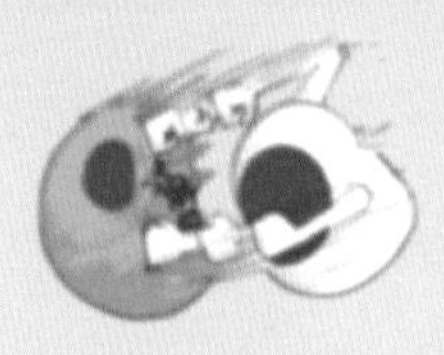

빵이들
쳐라.

청일전쟁이 진행되던
1894년 후반에서 1895년 전반.

조선에서는
바로 그 '갑오개혁'을 열심히
진행 중이었습니다.

이를 주도한 정권은
일단 1894년 8~12월까지의
1차 김홍집 내각.

총리대신 김홍집

대원군

오토리 공사

대원군 세력과의
연합 정권이었고,
일본 공사의 컨트롤력이
그리 크지 않았다.

이 1차 김홍집 내각은
이후 정국 변화에 따라–

대원군 축출.
일본군의
만주 진출,
승전 확실시.
동학농민운동
진압.

1894년 12월,
2차 김홍집 내각으로
다시 출범.

총리대신 김홍집

내무대신 박영효

이노우에 공사

이는 일본의
조선 보호국화 정책
추진을 위해
원훈 거물인 이노우에가
직접 조선 공사로 부임,
강력한 컨트롤력을
발휘함에 따른 변화로–

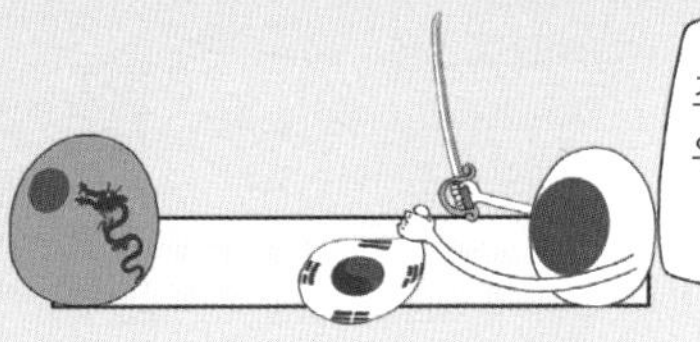
조선 정부 내에
우리 쪽 라인을
심어야죠.

박영효 등 갑신정변
주도 세력의 귀국과
사면 복권,
입각을 추진.

갑오파
THE 甲 OF FIGHTERS

민씨 정권하에서 오랜 기간 얌전하게
온건 개화 정책을 추진해온 관료들.
갑오개혁의 주역이라 갑오파.

…저 갑신년
역적놈들이
또 뭘 꾸미려고…
외무대신
김윤식
탁지대신
어윤중
총리대신
김홍집

그렇게 2차 김홍집 내각은
두 세력의 미묘한 정쟁하에
굴러갔으니.

갑신정변
주모자들
갑신파

저 보신주의자들 제치고
진정한 혁명정신을
이어나가리라!
내무대신
박영효
법무대신
서광범

이들 대신들이 모여 개혁 입법,
창제를 주관하는 최고회의–
군국기무처가 갑오개혁의 Head.

일본 메이지 정부
초기의 참의 같은
느낌일까나요.
군 국
기 무

여러 개혁의 최우선 조치!
자주국 조선의 상징!
우리 임금님을 일컫는 칭호를
대군주 폐하로 격상한다!
군국기무
…어이구,
고마워라.
그러면서 왕실 관련
모든 기구를
궁내부로 통폐합.
일본의 선례를 따라,
궁궐과 정부의 분리를
추구합니다.
궁내부
의정부
일본처럼 장식 군주를
추구한다는 말이렸다…
이제 이 나라는
새롭게 개편된 내각-
의정부 8아문이
이끌어나갑니다!
(모든 정부 부처에
일본인 고문관이 1명씩
배치된다.)
내무아문은 말 그대로
내무부(행정자치부).
내무아문
외무아문은
외무부.
이제 모든 외교는
오직 만국공법,
공례로만 행한다!
외무아문

공무아문은
공업 진흥을 위한 부처.
가자!
조선 산업혁명!
공무아문

농무아문은
농업 주관 부처.
사실 농업뿐 아니라 어업, 축산업, 광업, 예술 분야까지 모두 수관하시요.
농무아문

학무아문은
교육부.
서양 학문 개론서들을 한글 교과서로 펴내는 사업에 주력합니다.
학무아문

탁지아문은
재정부.
이 지긋지긋 혼탁한 조선 재정!
탁지아문

너무나 많은 입출납 구멍이 복잡하게 뒤엉켜 카오스 난장판으로 이어져 내려온 조선 재정.
호조 선혜청 병조 감영 수군 왕실 etc...

이 모든 파이프를 모조리 혁파! 국가 세입, 세출은 오로지 이 탁지아문 한 구멍만을 통해 관리토록 한다!!
조선 재정! 깔끔하게 정리 가능합니다!!
탁지

탁지대신
어윤중

군무아문은
국방부. 사실 군 근대화가 제일 주목받는 부분이지요.
군무아문

경복궁 점령 때 일본군에
맞섰던 장위영, 경리청 등의
부대들은 모두 혁파.

훈련대를 창설해
일본군의 지도하에
근대 육군의 맹아로
육성합니다!
장위영
이놈의 군제 개혁은
허구한 날 간판 갈이로
지새우는구먼;;
뭣보다 조선군에 자연스레
친일 라인이 형성되도록.

법무아문은 법무부.
이제 법도 좀
문명개화합시다.
법무아문

형법과 민법의 분리 추진.

형법
민법

악명 높았던
연좌제 폐지!
크흡, 이 연좌제로
갑신정변 때 우리
집안이 결딴났지요…
연
좌
법무대신
서광범

사법 개혁을 통해 지방 수령에게서 사법권을 분리해 지방 재판소가 맡도록 했는데,

더는 원님
재판 없다!

지방 재판소 설치, 사법 인력 양성이 쉽지 않았기에, 대다수 지역에서 꽤 오랜 기간 원님 재판 유지.

소소한 동네 문제
가지고 뭘
재판소씩이나…

그리고 참형,
효수 등 혹형이 폐지되었다지만,
여전히 태형과 같은 신체형이 유지되었고,
근대 형법, 민법 체계가 본격적으로
도입되지는 못했지요.
진짜 양놈식으로
가려면 아직
멀었음.

경무청은 저 8아문 밖에
독립적으로 존재하는
경찰청입죠.
좌우 포도청을
통폐합해 계승.
경무청

아무 관청에서나
멋대로 사람 잡아 가둘 수
있었던 걸, 이제 오직
경무청만이 인신 구속을
행할 수 있게 됩니다.
물론 경무청에
무슨 인권 의식 같은 걸
기대하면 안 되고요.

이 경무청은 치안 관리와
범죄 수사, 구속, 기소를 모두 독점하고

기소장
요인 사찰, 첩보 수집, 방첩까지 모두 행하는, 실로 한반도 역사상 가장 집중적 공안 기구!

도찰원
도찰원은 감사원. 각 관청 업무 감사를 행한다.
도촬원 아님.

중추원은 퇴직한 원로 노인네들 모아놓은 국정 자문역 노인정.
중추원

전고국은 관리 임용을 주관한다.
전고국
음? 관리 임용은 과거로 하는 거 아닌감요?

응, ***과거 폐지!*** (1894년)
끄아아아아악!!!!
군국기무
전국 10만 수험생 경악의 도가니行.
아니, 그럼 이제 뭘 어떻게 관리를 뽑는다는 거요?!

음, 공무원 고시를
실시할 거긴 한데…
아직 시험 준비도
안 되었고 신학문 공부한
수험생들도 없어서,
일단은 신학문 좀 안다는 사람들을
천거로 뽑도록 한다.
English
으아! 그럼 앞으로는
영어의 시대로구나!!

이 시점에서 육영공원이 영어 전문 학교로 개편되고, 영어 공부 열풍이 번져나간다.

오, 조선인들
발음력이 중국인,
일본인들보다 좋은 듯?
Vegetable
붸지타블!
표음문자의
힘이죠.

지방 행정에서는 지방의회 격인 향회 결성이 추진되었는데.

덕양구향회
이 향회라는 게 이미 19세기 중반,
민란 분위기마다 등장하던
그 향회를 말하는 거죠.

양놈들이 "세금 있는 곳에
대표 있다" -고 했지. 향회를 결성해
지역 납세자들을 대변하게 하면
적어도 민란은 안 일으키지 않을까?
₩
이는 또한 서양 의회의
기본 취지와 닿아 있는
근본력 있는 시도일 듯?

-라는 느낌으로
향회라는 걸
만들라고 위에서
닥달하는데…

뭐, 대충 지역 유지들
모아놓고 인증샷
하나 찍어 보내죠.

하지만 향회 구성 시도는
그냥 관제화되면서 흐지부지.

근데
'신분에 상관없이'
구성하라는데?

ㅇㅇ!
신분은 이제 상관없어!
갑오개혁 파트에서 가장
굵은 글씨로 표시될
표제어-
신분제 철폐!!!
군국기무
신분
양반, 상놈
구분 없다!!
7반천인도
이제 없다!!

마참내!!!

동학에서 부르짖던
내용을 나라에서
그대로 따라준다?!

일군만민! 임금 아래
모든 백성은 같은 신민!
신분은 인정되지 않는다!
이제 양반 만나도
배꼽 인사
안 해도 됨!
뭐… 조선 후기
자연스러운 신분제 붕괴
현실이 제도적으로
공인되었다고도 볼 수 있고…
당연히
서얼 차별도
철폐!

그리고 그런 차원에서
당연하게도-
노비제 철폐!
노비는 이제
자유예요!!
군국기무

뭐, 노비제 철폐 문제는
딱히 근대화 차원이 아니더라도
조선 시대 내내 논의되던 문제고.
ㅇㅇ. 그냥 인간적으로
이건 좀 아닌 거 같다는
논의가 계속되었죠.

이미 19세기 초에
공노비 해방령이 있었고.
조선 후기
지속적인 노비 해방의
흐름이 있었던 듯.
1886년에 노비 세습이 금지되며,
사실상 노비제 소멸이
예정되어 있긴 했음.

이는 세계사적으로
19세기 노예 해방 플로우를 통해
근대 시민사회로 나아간
사례들과 동류일까요?

–라고 하기에는, 조선의 노비제 양상이,

무슨 노비 농장주들이 이를 기반으로
지역 정치를 주무르고, 국가적·사회적
갈등이 고조되고, 뭐 그런 건 아니고.

COTTON
노예 해방이 내전을
부를 것인가?!

노예 해방으로 인한
대손해! 노옛값,
나라가 보상하라!!

노비 시장이 있어서
노비가 대규모로 거래되고,

노비가 자산으로서 GDP의
큰 부분을 차지하고
있던 것도 아니고.

1888년, 브라질 노예 해방.

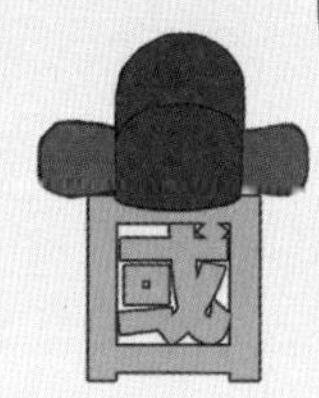
So, in 조선,
노비 제도의 흐릿한
경제적·사회적 의미보다는
이념적 의미가 좀 더 잘 보입니다.

조선인의 확장 자아 관념에는
國에 병립하는 레벨의 家가 있으니.

나랏님 모시기만큼,
이 집안을 이끄는 것도
중한 일이니라.

유교 가부장제의 家 구조에서
맨 꼭대기 양반 가부장은
집안 전체– 가족과 이에 딸린
예속민– 노비까지 이끄는
모세의 역할을 수행한다.

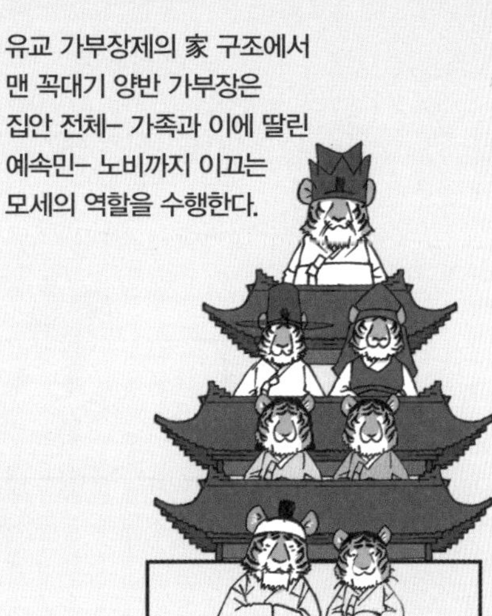
國에 속하지 않고
온전히 이 家에 예속된
노비의 존재가 이 관념 맵에서
수행하는 롤이 있는 것이지요.

양반 가부장제에서
높고 귀한 동전의 앞면에 대해

낮고 천한 동전의
뒷면이 존재하는 것.

뭐, 그런지라, 노비 해방이라고 해도
경제적·사회적 손해가
크게 날 일도 없고,
딱히 소유주의 반발도 없고.
나으리~!
노비 해방이
선포되었다는뎁쇼!!

어차피 예속 상태 깊은
노비들의 처지에
큰 변화가 있지는 않았다.

아, 예, 춘식 씨.
노비 해방이든 뉴비 해병이든
저거 타작 다 못 하면
오늘 저녁밥 없어요.
끄잉;;
도시 노동자가
대량으로 필요한 산업혁명이
도래한 것도 아니니
딱히 갈 데도 없음.

또한 신분제가 타파되었다고 해봤자,
양반 권문세가의 부와 권력 독점은
1도 변한 게 없었고.

富·POWER
신분제는 철폐되었다지만
여전히 양반이
되고 싶드아…

양반이라는 신분 네임 자체도
조선인들의 의식 속에
끈질기게 살아남게 된다.

뼈대 있는 우리
양반 집안이
어찌 제사를
거르겠느냐!
아니, 그러니까 그 족보,
고조할아버지가 사기당해
구입하신…

그럼에도 불구하고
이 신분체 철폐, 노비 해방 조치는
조선인의 자아실현관에 어느 정도
노크 효과가 있었던 것이니.

家

예전 조선인들의
자아실현관은-

아아, 높고 귀한
양반 가부장이
되는 것이 진정한
확장 자아의 실현~

그런 고루한 관념에
변화를 가져오게!

아니, 이제 그런
높고 귀함과 낮고 천함으로
구성된 家는 없다네!

國

군국
기무

진정한 확장 자아실현은
家가 아닌 國에 있음이니!!

근대 내셔널리즘의
태동에 동참하라!!

음! 충량한
King's man이
되는 쪽이 좀 더
간지나고
현실적이겠어!

거러췌!

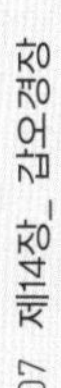

곱씨의 오만잡상

'경장(更張)'이라 함은 느슨해진 거문고 줄을 당겨 다시 팽팽하게 한다는 뜻이니, 이는 예로부터 국가 시스템의 개혁을 뜻하는 용어로 쓰여왔습니다. 율곡 이래로 이유태, 채제공, 정약용 등등 많은 경세가가 경장을 논했으며, 정조 같은 임금은 실로 경장을 입에 달고 살았습니다. 하지만 조선왕조 500년을 통틀어 가장 파격적이고 근본적인 개혁으로 역사에 그 타이틀을 남긴 경장은 결국 이 갑오경장뿐이지요. 실로 이전의 경장들이 전체 시스템의 5~10퍼센트를 갈아엎냐 마냐의 패치를 논했던 데 비해 갑오경장은 한 방에 50퍼센트 이상을 갈아엎은, 실로 조선II DLC라 할 만한 것이었습니다. 물론 그 한계로 지적되는 바들도 있지요. 서울의 소수 개화파 관료에 의한 탁상 개혁이라고도 하고, 일본이라는 외세의 무력과 간섭 아래 이루어진 비자주적 개혁이라고도 하고, 20세기를 5년 앞둔 시점에서야 500년 묵은 옷을 벗고 서구 문명의 끝자락을 겨우 잡는 모양새일 뿐이라기도 하고, 어떤 거국적 의식 진화의 큰 감동이 느껴지지 않는다고도 한달까요. 그래도 이런 전면적인 제도 개혁, 법제화가 최초로 이루어지고, 이후의 제도사가 이 개혁이 나침반 삼은 근대의 화살표 방향으로 나아가게 된다는 것을 생각해보면 그 의미가 가볍지 않습니다. 다른 측면에서, 갑오개혁을 주도한 갑오파- 김홍집, 어윤중, 김윤식 등 고위 관료군을 볼작시면···, 이들은 조선왕조 500년의 실무를 굴린 과거제 엘리트, 양반 관료 캐릭터를 대표하는 이들이었고, 이런 양반 메인스트림에 속한 인물들이 갑오개혁을 주도했다는 부분도 짚어볼 만한 꺼덕지가 있지 싶습니다. 막부의 막신들, 청조의 조신들과 비교해볼 때, 조선 양반 관료층의 국가이성 수행 포텐이 그리 꿀리지는 않았다는 느낌일까나요.

뭐 어쨌건 간에 오늘날의 관점으로 보자면, 당시 수행되었어야 하는 과제는 거문고 줄을 다시 팽팽하게 만드는 정도가 아니라 아예 거문고를 치우고 피아노를 들여오는 것이었다고 말할 수도 있겠지만 말입니다···. 그런 가정이 불가능한 게 명확한 한계 속에서 그나마 노력을 다했던 당대인들을 정당하게 평가하는 편이 좋겠지요.

제 15 장

트리플 겐세이 비기닝

청일전쟁의
전화가 한창이던
1894년 11월 1일,
러시아 황제
알렉산드르 3세
향년 49세로 사망.
와, 진짜 건강 자랑은
할 게 아니네;;
뒤이어
1895년 1월 26일,
외무상 기르스 사망.
더러운
영국놈들, 군부놈들,
다 ㅅㅂ다냐!
Da svidanya
(good bye)
주군의 뒤를
바로 따르다니,
충신이로고.

아니, 아빠; 이리
무책임하게 이승
탈주하시면;;
니콜라이 2세(27세)가 제위를 잇는다.
보세 짜리야 크라니!!
(God save the King)
COLA

극동에서 이마에
칼침 맞고 왔는데
관심이 없을 수가 없겠죠?

니콜라이 2세는 선제와 달리
극동에 지대한 관심을 가지고 있었고.

지끈~
WIS DOM 일본군 쾌진격! 뤼순 함락!
저, 저
섬나라놈들.

이제 청일전쟁이 마무리되면서
일본이 야망을 드러낼 모양이니,
삼촌이 조장 맡아서 이에
대응할 방안을 논의해주세요.

옙~
우리 니키 폐하~
맡겨주십시오!

알렉산드르 3세의 동생
알렉세이 대공
해군 총사령관(& 횡령범)

자자, 간단하게 생각해봅시다.
일본이 중국에서
요동을 뜯어낸다면, 우리도 이를
묵인하는 대가로 조선 어딘가를
할양받는 기회로 삼을 수 있습니다.

대충 거제도 정도가
적당하다고 생각해요.

거제도에는 유명한
러시아 식당도
있다지요.
러시아 식당
사마르칸트
055- 638-
엄밀히 말하자면
우즈벡 식당이지만.

대충 그렇게
우리 얻어낼 거 좀 얻어내고,
일본 승리 축하해주고
친하게 지내는 게 좋을 듯요.

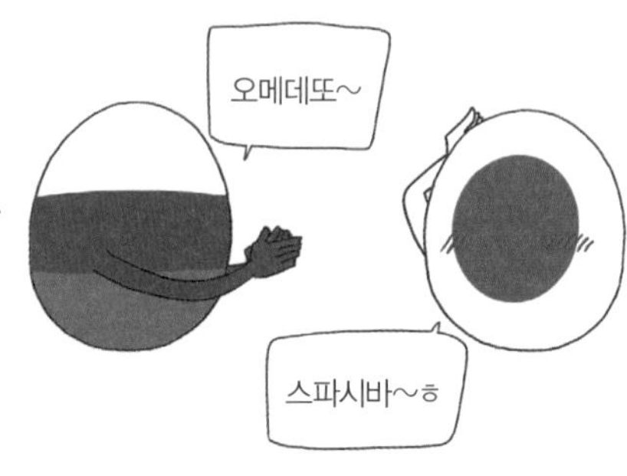

오메데또~
스파시바~ㅎ

우리는 대륙국가이니
해양국가인 일본의 이익과
크게 부딪칠 일 없어요~ㅎ
해양국가인 일본은
같은 해양국가인 영국과
결국은 바다를 두고
싸울 수밖에 없지 않나?
스페인, 포르투갈, 네덜란드
등등의 사례와 같이.
아마 싱가폴 같은 데
쳐들어갈 듯.

장차 우리가 태평양 쪽 출구로
나아가고자 할 때,
일본이 우호국이라면
그 현관문이 아주 안전할 것이고.

그러니, 장기적으로 볼 때, 일본은 러시아와 손잡고 영국에 맞설 수 있음. 이번 전쟁 승리 축하해주고 친하게 지내는 게 좋을지도?
참으로 탁월한 인사이트이십니다~
외무상 로스토프스키 공작
워~ 워~ 워~

전하께 일본의 야심이 향하는 다른 방향을 상기시켜드려야겠군요.
NIPPON
재무상 비테
일본은 전형적인 해양국가가 아니라 대륙을 향한 야심 만땅인 영토충 국가입니다.

우리 러시아가
시베리아 철도를 뚫어
동진하는 바는–

● 동쪽 영토의 개발.
실례합니다~ㅎ
● 중국으로 대표되는 동양 거대 시장에 직접 파이프 대기.
라이~라이~ 우리 사람 기차 좋아한다해~
● 태평양을 향한 바다로의 출구 오픈.
이를 위한 마지막 문턱– 만주를 맡고 있는 세력이 말랑말랑 비실한 청조인 편이 우리에게는 쾌적한 일일 것입니다.

그런데 그 문턱–
만주를 대륙 영토 확보에
광분하는 일본이 장악한다면?

어, 저기, 우리 선로 좀…
시베리아 철도에 들인 모든 공력의 과실이 마지막 문턱에서 딱 막혀버리는 것입니다.
그쪽 황태자가 도쿄에 입조한다면 생각해보리다.

그리고 지금 분위기상
일본이 영국에 맞설 일은
반세기 내로는 없지 싶습니다.

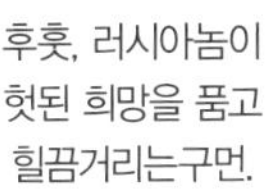
후훗, 러시아놈이
헛된 희망을 품고
힐끔거리는구먼.

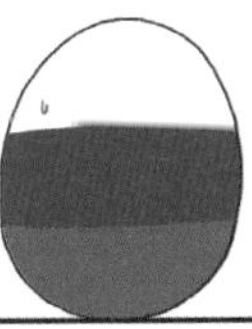

저는 정신적
영연방이에요~♡

시베리아 철도의
마지막 퍼즐 조각인
만주인가!
일본의 이익선
만주인가!

시베리아 철도 완공까지
앞으로 10년!!
그 마지막 침목이
박힐 때까지
그 누구도 만주에
침 바를 수 없습니다!
오, 과연
탁견이십니다!

뭐, 그렇다면…
일본이 만주에 세력을
박지 못하도록 요동 할양을
취소시키는 건, 청나라에 꽤
은혜를 베푸는 일 아닌감?
그에 상응하는 보답이
있어야 하지 않을는지?
아아, 그거라면 이미
진작에 얘기가 다
되어 있습니다. ㅎ

시모노세키 회담 전에
駐청 공사 카시니 백작이 이홍장과
이에 관한 묵계를 다 진행시켜놨지요.
일본놈들이
요동을 내놓으라고
한다면…

러시아가 앞장서서
일본의 야심을 좌절시키고,
그에 상응하는 보답에 대해
구체적으로 논하기로
했습니다.

뭐, 러시아 쪽에만
그리 공을 기울인 건 아니고,
서양 열강에 다 헬프 콜을 치면서
비슷한 얘기를 논했지요.
이 전쟁 데미지 최소화의 길은
이 전쟁 바깥에서 구해야 함을
알았기에, 전쟁 끝나기 훨씬 전부터
작업에 들어갔습니다.

역시 유럽 외교의 중심은
독일이잖습니까?
이번에 잘만 도와주시면…
아아,
제 동양 커리어
30년 전체를
걸어볼 만한 일이군요.

前 駐청, 駐일본 공사
막시밀리언 폰 브란트
(무진전쟁 때 홋카이도 할양을 제안받았던 공사)

…그러저러해서,
독일이 러시아와 함께 나서서
청의 곤궁함을 덜어준다면
그쪽에서 이런저런 보답을
밀약한다고 합니다.
흠…

빌헬름 2세

제국 재상
호엔로헤실링스퓌르스트 후작

…좋은 계책이라고 생각합니다.
독일과 사이가 틀어진 러시아가
이런 간섭을 통해 극동 쪽으로 주의를
돌려준다면 이쪽에선 당케죠.

그래~ 응원해줄 테니
유럽 쪽 보지 말고
극동 쪽을 봐라~
일본이랑 원수져라~ㅎ

그리고 우리 독일이
일본이랑 척져봤자
딱히 진심 원한으로
갈 일은 없지요.

음. 그도 그런데…
일본이랑 척지는 건
나름 의미가 있는 일
같아…

동양인들이 서양의 과학기술을
습득하는 건 위험한 일!
이를 성공적으로 해내고 있는
일본을 경계해야 해!!

이걸 방관한다면
언젠가 〈혹성탈출〉처럼
인간의 과학기술을 익힌
원숭이들에게 인간이
정복당하는 꼴이 될 것이다!

…폐하께서는 요즘 무슨
온라인 커뮤니티를 하시는지?

ENTRE-TEMPS 프랑스에서는 –
카르노!
칼은 No!!
이런 식빵!
식빵 칼이네.

청일전쟁 직전인 1894년 6월 25일,
카르노 대통령이 이탈리아인
제빵사에게 암살당함.

정재애애앵

이어서 극심한
정국 혼란이 이어지고.

아니, 뭐 정국 혼란은
3공화국 일상사이니
새로울 건 없지만…

청일전쟁이 격화되던
1894년 9월–

드레퓌스
사건 개막!!
유대인 간첩 다
잡아 죽여라!!
미친 간첩
조작 사건 쩌네!!
유대인 단톡방이
나라를 주무른다!!
프랑스를
수호하라!!
미개하다!
미개해!!
유대 인은
죽어 도돼
유대인
간첩

이리 서막이 열린
드레퓌스 사건은
2년 후, 클라이맥스로
이어지게 된다.

벌써부터 말라리아모기 군침 소리가…
위~잉~
MADA
그리고 청일전쟁이 끝나는 1895년 4월에 프랑스군은 마다가스카르 원정을 개시.
백신은 마다, 마다~
원정군 1만 5천 명 중 5800여 명이 병사한다.
일본의 무리한 욕심을 제지하기 위해 러시아, 독일과 함께 공조하는 방안이…
이런 상황에서 청일전쟁 마무리 어쩌고 하는 얘기가 눈에 들어오기나 하겠냐;
제라르 駐청 공사
리보 총리
펠릭스 포르 대통령
걍, 알아서 대충 좋게 좋게 하쇼.
당연히 이건 러시아와 보조를 맞춰야지!
러불동맹에 들인 공이 얼만데!
프랑스 씨도 함께 가시죠~
(어휴, 쟤는 좀…)
아, 물론.
외무상 가브리엘 하노토
러시아가 독일과 보조를 맞추는 일에 프랑스가 멀뚱멀뚱 구경만 한다는 건 말이 안 되지!

아오, 팽호제도, 10년 전에 우리가 점령했던 곳인데…

그리고 사실, 일본이 대만과 팽호제도를 차지한 꼬라지에 약간 배알이 꼴리기도 함.

대만

요동

후훗, 영토욕에 있어서 진정성의 차이 아닐까요.

그리하여 1895년 4월 말,
도쿄의 3국 공사관에
일제히 공조의 명령이 하달되고.
Jawohl!
Да, сэр!
Oui monsieur!

1895년 4월 26일,
시모노세키조약 후 병가 내고
마이코에서 요양 중인 무쓰.

각하!!!
외무성이
뒤집어졌습니다!!
뭐, 지진이라도 났나…
어쩐지 부실 공사 같더라…

음?
오늘 외무성으로
전달된 각서 내용이랍니다;;

왓더
뻐컳럭!!!

제 1 6 장

삼국간섭

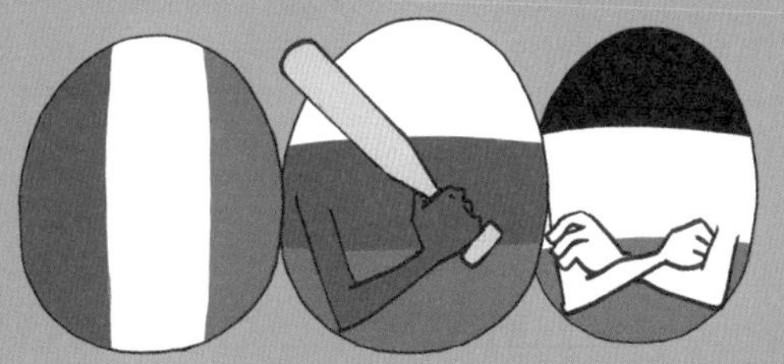

쑥떡 쑥떡 찰떡 팥떡

1895년 4월 17일, 시모노세키조약 타결을 전후로 유럽의 심상찮은 움직임은 이미 주재 공사관들에 의해 도쿄로 보고되고 있었지만.

독일에서는 청일전쟁 전후
처리 개입에 대해 이미
신문 보도까지 나왔습니다;;

뭐, 그냥 으레히
열강들이 헛기침 한번
해보는 거겠지.

하지만 요양지의 무쓰는 열강의 개입 의지에 대해 심각하게 우려하지 않았고.

영국, 미국은 대충
묵인해줄 것이고,
러시아,
독일, 프랑스는
상성상 연대하기 힘든
조합이긴 함.

외무차관 하야시 다다스
(에조공화국 참여자)

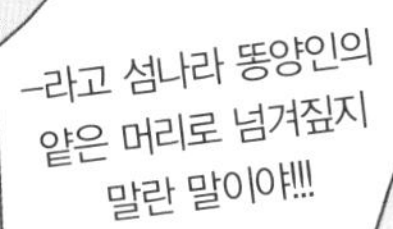
–라고 섬나라 똥양인의
얕은 머리로 넘겨짚지
말란 말이야!!!

간섭받아라!!!

독일 공사 굿슈미트 러시아 공사 키트로프 프랑스 공사 쥘 아르망

이건 견해도, 우려도,
권고도 아닌– '요구'라는 걸
확실히 새겨들으시오.

1895년 4월 23일,
러불독 3국 공사가
일본 외무성에 각서 전달.

근데 느그 장관은
어디로 도망간 거요?

아, 그 폐병으로
병가 내셨는데요;;

일본의 요동 영유는
중국 수도권에 대한 중대한
위협으로, 지역 안보에 심각한
불안 요소가 될 것이며,

요동

조선의 독립을
유명무실화할 것이기에–
뱉어 새꺄.

아오, %!$@ 어쩐지
이럴 거 같더라;
과인은 항상 너네
땅미새 짓거리 우려했음을
기억해주길 바라오.
땅미새가
뭡니까요?
땅에 미친 새끼들.

다음 날 즉각
긴급 대책 어전회의가 열리고.

삼국간섭에 대한 대처 방안–
〈제 1 안〉
그냥 깨갱대며 요동 환부 수락.

네, 네,
제가 욕심이
지나쳤네요~ㅎ
요동
남의 땅 욕심내는
제국주의는 나쁜 거란 걸
깨우쳐주셔서 아리가또~

〈제 2 안〉
삼국간섭이고 나발이고 그냥 쌩까기.

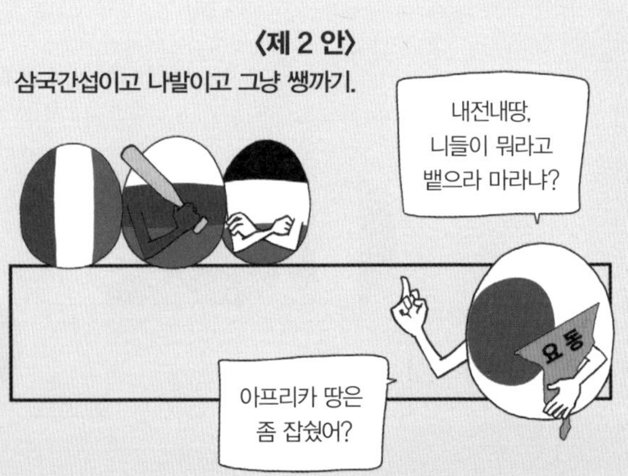
내전내땅,
니들이 뭐라고
밸으라 마라냐?
요동
아프리카 땅은
좀 잡숴어?

〈제 3 안〉
열국회의를 소집해 만국 공의를 따르기.

아이고~ 동네 사람들!! 억울한 사연 좀 들어보소!!
다 모여서 어떻게 해야 할지 공정하게 논해봅시다!

결국— 1안은 억울해서 안 되고, 2안은 후달려서 무리고, 3안으로 갈 수밖에 없겠지요.
열국회의! 어셈블!!
영·미·이 3국으로 러·불·독 3국에 맞서는 형국을 어떻게든 만들어야…
아, 열국회의는 에바임.

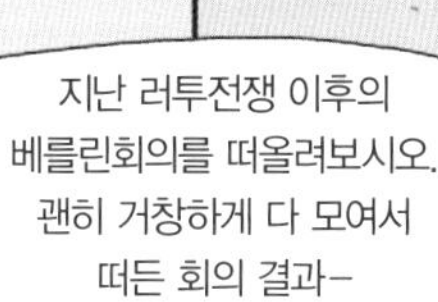
지난 러투전쟁 이후의 베를린회의를 떠올려보시오. 괜히 거창하게 다 모여서 떠든 회의 결과—
영·불이 어떻게 자기네 잇속 챙기고, 러시아가 어떻게 뒤통수 맞았는지 상기해봅시다.

어전회의의 결과 나온 3안에 대해 다음 날 무쓰가 반대 표명.

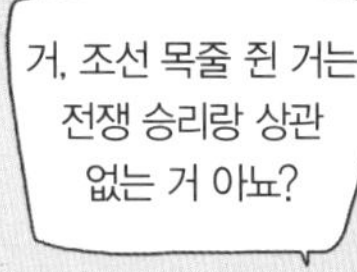
거, 조선 목줄 쥔 거는 전쟁 승리랑 상관 없는 거 아뇨?

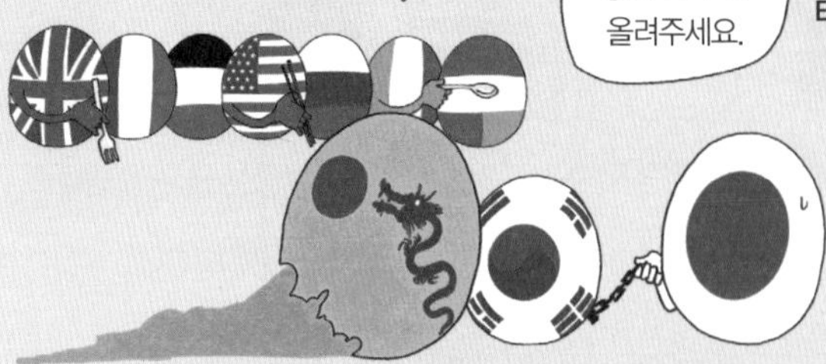
좋은 건 좀 나눠 먹읍시다.
거제도 지적 등본 PDF 좀 올려주세요.

여기서도 괜히 열국회의 했다가
요동 문제뿐 아니라 대만,
조선 문제까지도
테이블에 올라와 태클당할 수 있고.

저 열강놈들은 극동의 온갖 이권을
다 한 숟가락씩 퍼갈 기회로 여길 거임.

그러니, 일단 시간 끌면서
개별 외교 공작을 진행해보고–

진행하긴 뭘 진행해. 우리 군함 이미 출항했다~
조; 조또 마떼;;
(한 척이지만.)

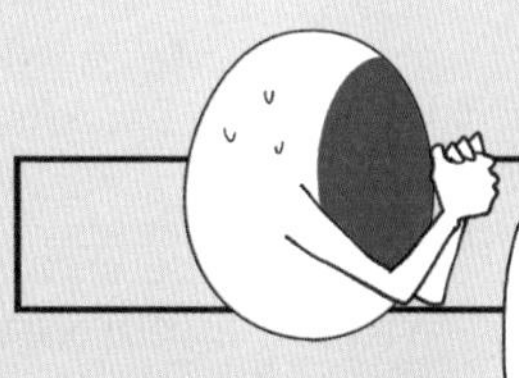
이기리스 아니키!!! 저 유럽 대륙 깡패들의 이지메가 어찌 이리 가혹한지요!
부디 팍스 브리타니카의 위엄을 살짝만 베풀어주시오면!!
아야; 이런 문제는 불간섭이 원칙이라;;
(그리고 솔직히 님 욕심도 좀 과한…)

영국은 노관심 표명.

요동 땅 거의 다 뱉어내고,
맨 끄트머리- 뤼순-다롄만
먹는 걸로 어떻게 안 될까요;;
요동
응 안 돼.
(거긴 내가
먹을 거야.)

러시아에 대해
개별 교섭에 나서보지만.

쿠컭ㄲ펆컭…
더러운 양놈들이 지들끼리
티격태격하다가도 똥양인 팰 일
생기면 저렇게 후다닥
백인 형제단을 결성하는 게냐…
더러운 국제사회
양놈 카르텔의
벽을 넘는 건
아직 무리구나…
…GG다…

1895년 5월 4일,
일본은 삼국의 요구를 수용해
요동반도 점유를 철회.

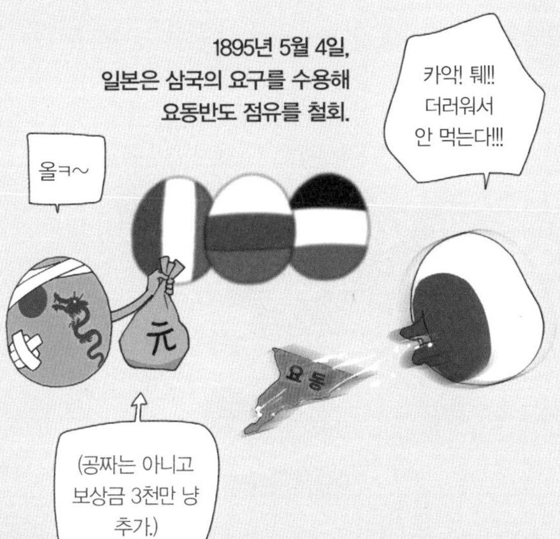
카악! 퉤!!
더러워서
안 먹는다!!!
올ㅋ~
元
요동
(공짜는 아니고
보상금 3천만 냥
추가.)

이에 일본 조야는 치욕과 분노로 전율했으니.

아니, 뭐 저런
양아치 양놈들이
다 있남?!!?
이것이 유럽의
공정과 정의냐!?!
요동에 뿌린 피는 그저
수수밭 거름이 될 뿐인가!
귀축
노·불·독!!
noble dog

특히 이 간섭을 주도한
러시아에 대한
원한이 MAX치를 찍게 되고.

에도시대부터 항상
저 러시아놈들이야말로
가상 적국 1호였지!!!

물론, 지금 일본의 힘으로
러·불·독을 당해낼 수 없다는 건
국민도 잘 알고 있기에.

힘을 키워
복수한다!!!
언젠가 저 3개국
GDP 합을
넘겨주겠어!
스릉~ 스릉~

이후, 와신상담을
시대정신으로 밀게 된다.

청일전쟁 기간,
거국적 애국 노선에 합류한
언론과 재야 운동권은
이 삼국간섭 이후로는
완전히 국가주의에 포섭되어
親정권 오버질에 앞장서게 되고.

와신상담을 위해!
담뱃값을 아껴
건함성금으로!!
LIBERAL
건함성금
좋은 효과인지,
나쁜 효과인지…

…결국 삼국간섭은
저 늙은 여우가 사전에
이미 세팅 다 해놓은 뒷구녕
외교 공작의
산물일 것이니…

칭찬할 만한
간교함이로다…

……

하지만…

이제 그 청구서가
들이닥치면서
중화대륙 이권
눈물의 大바겐세일
시즌이 활짝 열리겠지.

세상에 공짜는 없다는 건
비단 장수 왕서방이
제일 잘 아실 거고~ㅎ

對일 배상금을 위한
차관에
담보를 좀 많이
거셔야겠죠?

약속했던 대로
간 썰고, 콩팥 떼고,
……;;

ANYWAY
이 삼국간섭은 러시아에 있어서
간만의 빛나는 외교적 승리!!
요시!!!
러시아 新정권이
이전 정권처럼 물렁하지
않음을 천하에 과시했다!

아직 시베리아 철도가 완공되지
않았는데도, 일본이 저리
쫄아서 GG치는데…
히익;

10년 후, 시베리아 철도가 완공되고
난 이후라면, 어찌 일본이 감히
러시아에 맞설 상상이나 하겠는가?!
뀨잉!!!?!

영리한 외교와 여러 이익의 규합으로
뜻을 이룰 수 있음이 이로서 입증되었다!
(그러니 국방예산 안 늘려도 된다!)

이욜~
재무장관이나
할 법한 생각~!

시베리아 철도의 동쪽 현관 안착은
이제 탄탄대로!

시베리아 철도와 연결되어
오픈된 만주는 모두에게 득이 되는
편리한 나들목이 될 것이니!

이는 결국
일본에도 득이 될 것.
(maybe 조선은 줘도 됨)

착하게 굴면
유럽行 기차
태워드림.

흐음~

모두에게 득이라니…
재무대신께서는
큰 그림에 대한 상상력과
제국적 대망이 좀
부족하시군요~ㅎ

알렉산드르 M. 베조브라조프

Meanwhile
서울에서는—
긁적
삼국간섭에 일본 굴복!
올ㅋ, 일본놈들,
러시아 앞에서는 결국
죽밥이구먼?
강약약강 왜놈들
같으니라고.

이제 이 경복궁 유수를 면하고
왕권을 회복할 길이
열리나 싶습니다.
조선의 일본
따까리—
보호국行도
면하고 말이지요.
KEEP
CALM

러시아 공사관의 손탁 부인이
매우 의기양양하겠구먼.

청동노국공사처형사택
앙투아네트 손탁

학무대신 박정양
前 駐미 공사

러시아 공사 베베르의 처형

아녀자가 국제정치에
쉽게 말을 얹을 수는
없지요~ㅎ

독·불에 걸쳐 있는
알자스로렌 출신에
러시아 공사의 처형이시니
실로 러·불·독 삼국의
현현 아니십니까~ㅎ

삼국간섭은 결국
이 하꼬짝 조선 정계에
지각변동을
불러오겠지요.

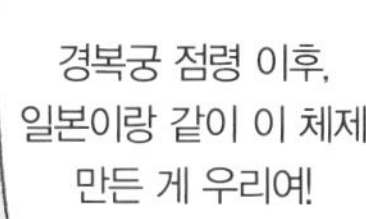
경복궁 점령 이후,
일본이랑 같이 이 체제
만든 게 우리여!

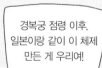

갑오파와 갑신파가
일본의 총애를 얻기 위해
경쟁하고 있는 이 2차 김홍집 내각.

甲
오

甲
신

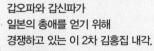

일본이랑은 우리가! 으이?!
10년 전 갑신정변 때부터!
쿠데타도 하고 다 했어!! 마!

그런데 삼국간섭으로
일본의 위상이 추락한 지금,
주상께서 뭔가 꿈틀하시겠죠.

호오?!
응, 일본 허접.
깨갱~
허걱?!
甲
오
甲
신

이제 이 국면,
갑오파도 갑신파도 아닌
제3세력이 부상할 조건이
갖춰진 겁니다.

러시아와 미국을 뒷배 삼은 세력이
친일파를 쓸어내고 정치의 중심에
서는 것은 주상께서도
바라마지 않는 그림일 것입니다~ㅎ
LEARN
ENGLISH

前 駐미 공사 대리 이완용

제 1 7 장

이노우에 차관

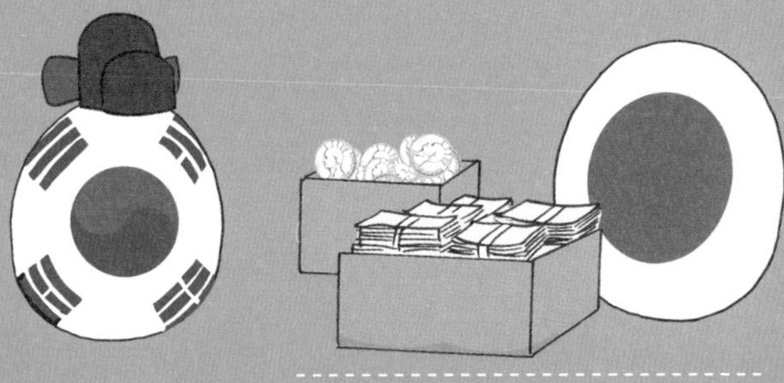

번벌 오케스트라의 지휘자
이토 히로부미.

육군의 오야붕
야마가타 아리토모.

이들과 함께 조슈 3존으로
일컬어지는 이노우에 가오루.

하지만, 재들처럼 뚜렷한 파워 없이,
그저 부패 원훈의 이미지로 삭아갑니다.
총리도 한 번 못 해보고…

So, 개인적 커리어 차원에서라도
조선을 어떻게 잘 쪼물락거려서
인상적인 이력을 만들고픈
마음이 크네요.

1876년 강화도조약 때
부사로 왔던 이래 조선 문제에
계속 관여해오기도 했고.

일단 대충, 갑오파와 갑신파를
검은 소와 누런 소 삼아
조선 정국을 조종하며 추진하는
나님의 큰 그림은—

갑오

영국의 이집트 보호국化 모델을
벤치마킹한 조선 보호국化!
빚
아오;
영국이 이집트에
저리 당당하게 군대를 들이고
정치를 주물럭거림에도 딱히
누구의 태클도 받지 않음은-

감 놔라~
대추야자 놔라~

영국이 이집트에 지속적으로 거액의 차관을 제공하면서 그 담보로 이집트 재정을 설정했던바,

그 담보를 제대로 지킬 권리가 있다는 명목하에 온갖 간섭질을 벌일 수 있는 것이지요.

이를 흉내 내기 위해 조선에
500만 엔 차관 추진! 민간 금융,
재벌 자본을 유치해서…
어, 음;;
미쓰이 재벌
조선에 투자하라!
신용도 따져서, 대충
연리 10%는 받아야
겠는데요;;
연리 10%?! 어디서
야쿠자 사채꾼 데려옴?
꺼지쇼, 퉤!!

으음; 그러면 결국 일본 정부
국고로 300만 엔 차관 어떨슴?
연리 6%로 우대해드릴게.
흠…
(어, 당장은 청일전쟁
치르느라 현금 없는데;;)
(청나라한테 곧
배상금 받을 거잖슴.)

그렇게
300만 엔을 일단
우리 태환지폐로…
지폐??!? 종이돈?!?
지이~폐에에에???!?!?
하, 종이 쪼가리
꿀 생각 없으니
관둡시다.

일본의 300만 엔 지폐 차관에는
갑신파와 갑오파가 모두 극렬 반발.

하; 태환지폐는 은화로
바꿀 수 있는 지폐라니까요.
깝깝하네;;
아, 그러면
이 지폐 150만 엔 지금 바로
은화로 바꿔 줘보쇼.
…그건
무리데스;;

결국 청일전쟁 종결 직전인
1895년 3월 말,
300만 엔의 반은 태환지폐로,
반은 은화로 차관 제공 협상 타결.

이 이노우에 차관에 대해
유림은 극렬 반발.
아니, 앞에서
이집트 보호국化 모델
대놓고 지껄이는 거 안 보임?!?
종속이론
모르쇼?!
어윤중은 매국노로 역사에
박제될 기라, 이기야!
실학자 이기
NO JAP MONEY
하, 경제알못들
시끄럽고.
돈을 논함에 있어
레버리지 없이
무슨 큰일을
도모하겠는가.
탁지부대신 어윤중

조선 후기에 이르면 잡다한 세금을
다 퉁쳐서 총액세- 도결을
현금으로 내는 게 일반화되긴 하는데…
이게 또
지역마다
로컬 룰들이
난잡하고.
이 나라 재정의
가장 큰 문제는 온갖 잡다한
세금 수납과 세출의
난잡함이요,
이를 거두는 입들 또한
중구난방 제각각이니.
호조 선혜청 병조 감영 수군 왕실 ... etc

조선의 재정 시스템은 그 하꼬짝 규모에도
불구하고 온갖 난해한 세입,
세출의 파이프가 수십 갈래로
뒤엉킨 난마의 형국.
할짝~
할짝~

그리고 꼬불꼬불 길게 엉킨 파이프들은
그 수십 단계의 연결 고리에서
끝없이 누수를 일으킬 수밖에 없다.

이런 시스템하에서
무작정 탐관오리만
탓할 수 있겠소이까.

이 체계에서 깔끔 명료한
회계 감사, 재정 대계 같은 건
언감생심.

쌀

하; 이걸 누구 탓이라고
콕 집기도 어렵다;;

아무리 청렴, 유능을 추구하는
관리라 할지라도, 저 파이프 어딘가의
누수로 파직당할 수 있지.

그러니 관운의 흥망은 직무가 아닌
오직 서울 권문세가와의
끈에 달려 있음이 상식인 세상.

저, 복마전 재정을
단칼에 쓸어버리고
일원화된 근대 재정을 확립하는 것이
어윤중이 색을 바쳐 추구한
숙원인 것이다!!
촤아아
군역, 조운,
무명잡세도 혁파해
농민들 세금은 오직
현금 지세로만!

그렇게 갑오개혁을 통해
탁지부가 세입 세출의 Only One
창구가 되어놓은 것인데.

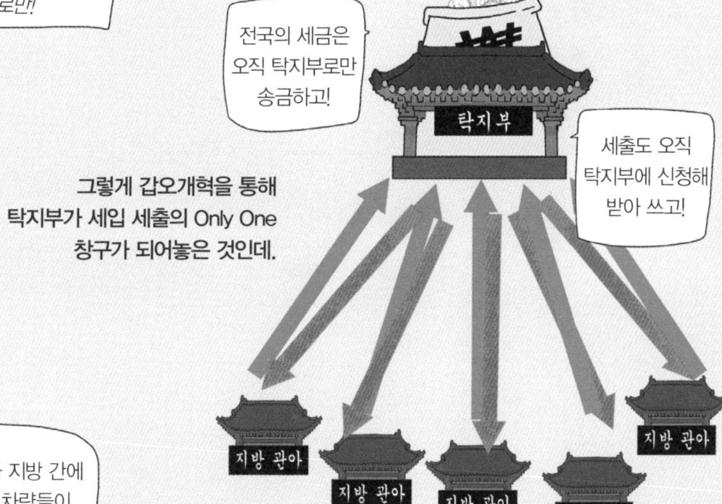
전국의 세금은
오직 탁지부로만
송금하고!
탁지부
세출도 오직
탁지부에 신청해
받아 쓰고!
지방 관아
지방 관아
지방 관아
지방 관아
지방 관아

근데, 그러면 서울과 지방 간에
끝없이 현금 수송 차량들이
오가게 되는 것인가?
무린데;;
현금수송

사또, 이번 달 객사 관리비 정산해주십사…
어휴, 그럴 리가 있나요~ㅎ 당연히 그냥 계좌 간에 숫자만 이체하는 식으로 해야죠~
으의, 甲甲오 뱅크로 송금하겠네.

그렇다. 이러한 근대 재정 시스템은 당연히 근대 은행 시스템이 뒷받침되어야 하는 것.
그리고 은행은 금고에 (내 거든 남의 거든) 금은보화가 좀 쌓여 있어야 사람들에게 인정받고 기능할 수 있지요.
BANK
₩
So, 외국에서 돈을 꾸든 어쩌든 아무튼 뭔가 목돈을 좀 들여오자고요.

(하지만 근대 은행 구상은 결국 잘 풀리지 못함)

그리고 이제 이렇게 재정을 현금- 은화로 굴리고자 하는데, 막상 조선에서 찍어내는 은화가 많지가 않아요.

1892년부터 환전국에서 5냥 은화(=은 1엔)를 찍어내고 있긴 한데, 그 총 주조 개수가 2만 개도 넘지 못하는 것이고.

(이걸 찍어내는 민짜 은도 일본에서 들여옴)

조선 상업계에서는 이미 일본과의
무역으로 들어온 일본 1엔 은화가
통용 화폐로 기능하고 있는 것.

나라에서 발행했다는
5냥 은화는 솔직히
구경도 못 해봤시다;;

이리 화폐 주권까지
일본에 넘어가는 판국에, 일단 어떻게든
빚을 내서라도 씨앗돈을 마련해
근대 경제 건설을 시작해야 한다고요.

그렇게 들여온 차관으로
항만 근대화,
각종 회사 설립 등이
시작됩니다.
으랏차차관!!

요시~ 요시~
이집트도 그렇게
바둥거렸더랬지~ㅎ
츠쿵
빚 300만 엔으로 목줄 매인
조선은 이제 일본 경제권의
하부 구조로 완전 편입…
음?

꾸궁
아잇; 깜짝이야;
갑자기 이게
뭔 난리여;;
삼국간섭

아아, 삼국간섭~
정말 간만에
사이다였죠~
'삼국' 하니
생각나는 게
손탁 부인께서는 혹,
삼국지 같은 건
접해보셨나요.
KEEP CALM
아, 요동의 공손탁이
저랑 이름이 비슷해서
좀 비중 있게 나오길
바랐지요~ㅎ

요동의 공손탁과 달리
정동의 손탁 부인께는
장안의 온갖 재사가
모여든다는데 말이죠~
훌륭한 신사분들이
저희 집 커피 향을
맘에 들어해주셔서~ㅎ

우리 처형이
아주 인싸여~
ㅇㅇ
미국 공사 씰
손탁 부인의 정동 사택은
일종의 살롱 역할을 하며
외국인들과 조선의
개화 명사들을 들였으니.
러시아 공사 베베르
어, 그 《개미》 소설 쓴
대머리 작가 이름이…

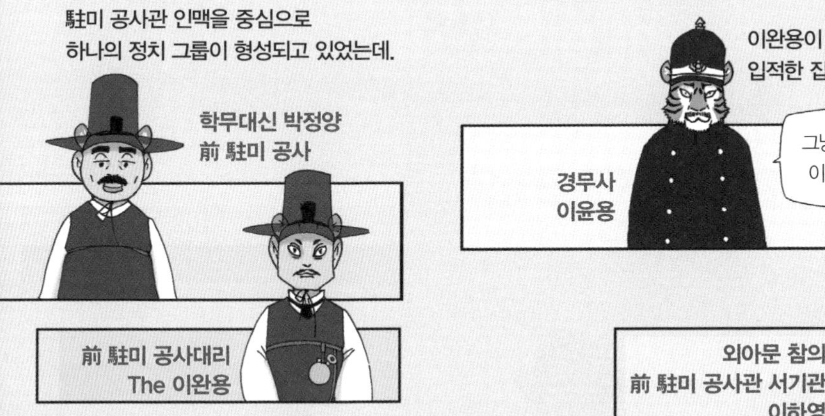
그리고 그곳에서
駐미 공사관 인맥을 중심으로
하나의 정치 그룹이 형성되고 있었는데.
학무대신 박정양
前 駐미 공사
前 駐미 공사대리
The 이완용
이완용이 양자로
입적한 집안의 서자.
그냥 간단하게
이완용 양형.
경무사
이윤용

외아문 참의
前 駐미 공사관 서기관
이하영
일본어와 영어 능통,
조선 최초 철덕.

그러면 이제 저 멋쟁이
정동 그룹에 왕실의 친위 그룹도
합류시켜볼까요~?
전주 이씨들과 우리 민씨 애기들~
민 Youngs
철혈 포도대장
이경하의 아들.
농상공무협판 이범진

그렇게 삼국간섭을 계기로
정동파, 제3세력 급부상!!
어휴, 甲오니 甲신이니
甲甲한 인간들아~ㅋ
정
동
甲
신
甲
오

왜놈들 극혐하시는
주상의 뜻을 받들어,
이제 우리가 정치를
캐리하겠노라!!
워, 워, 아니지, 아니지…
저리 정치판이
뒤집히기 전에…

이쪽에서 먼저 뒤집어주마.
갑신정변의 미망,
이번에는 반드시
성공한다!!

내무대신 박영효

제 1 8 장

한국

정
동

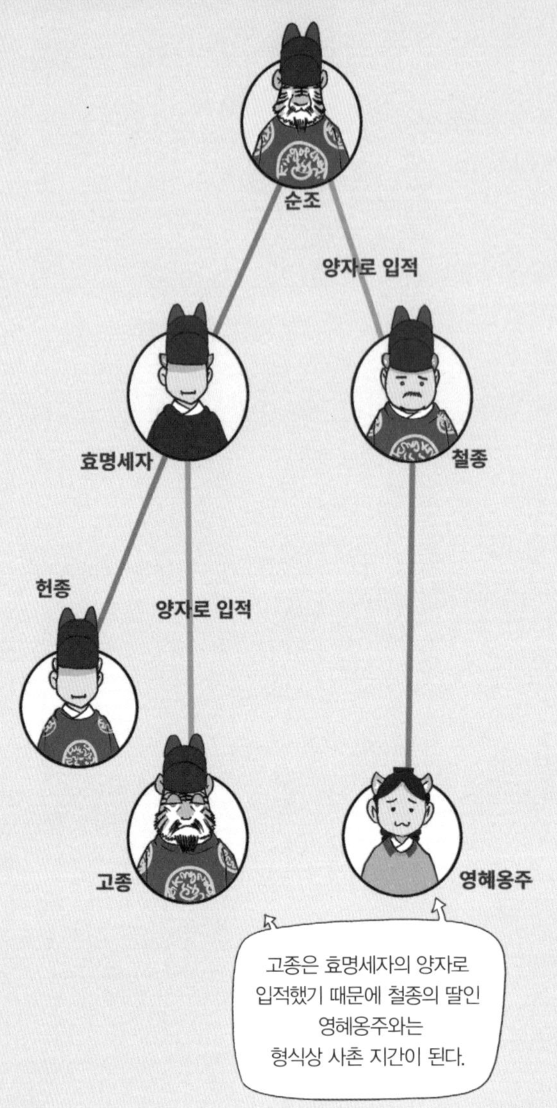
순조
양자로 입적
효명세자
철종
헌종
양자로 입적
고종
영혜옹주
고종은 효명세자의 양자로 입적했기 때문에 철종의 딸인 영혜옹주와는 형식상 사촌 지간이 된다.

그리고 영혜옹주는 14세 때 11세의 박영효와 혼인 후 석 달 만에 사망.
팔자 실화냐;;

그렇게 왕실의
유일한 부마인 박영효였기에
그 대우는 종친급으로,
갑신정변 때도 정변 세력의
서열 1위 간반이었고.

김옥균처럼 암살당하지 않은 건
다 그 신분 덕이라네.
우리 사촌매제~

그러니 이제는 왕실 패밀리로서
근왕에 힘쓰기 바라요~ 응?

kings COFFEE

이번에 내가 볶은
커피콩인데 가져가서
우려먹어보게나.

성은이
망극하옵니다;;

뭐, 주상께서 바라시는 대로
그 어심을 헤아려 정국을
짚어보자면 말입니다—

kings Coffee

1894년 7월의 경복궁 점령 이후,
주상의 왕권은 거의 무력화된 상황에서
일본이 컨트롤하는 갑신파와 갑오파가
권력을 분점해오고 있지요.

갑
신
갑
오

청일전쟁도 승리로 끝났겠다,
이대로 보호국行
굳히기 들어갑니다~ㅎ

그런데 1895년 4월 말,
삼국간섭으로 모든 게 뒤집어졌다.
러시아가 이놈~! -하면 일본놈들이 쫄아서 짜지는구나!!
이제 왜놈 앞잡이들 거르고, 러시아, 미국과 친하다는 정동파를 총애하겠노라~!
갑신
갑오
정동
이렇게 우리 갑신파도,
갑오파와 함께
친일 세력으로 찍혀서
주상의 눈 밖에 날 모양인데.

그리 쩌리 되지 않으려면, 갑신파가 먼저 나서서 일본 손절하고 정동파와 손잡아야 한다!

왜놈 앞잡이들 거르고, 애국 근왕 세력끼리 뭉칩시다~!

갑오

갑신

정동

읭? 님들이 언제부터?

철도, 전신 사업 일본 회사에.

서울의 일본인 거류지 확대 좀.

다메, 다메.

박영효는 바로
반일로 태세 전환.

이권 이권 이권

이노우에의 이권 요구를
모조리 거절.

이건 또 뭔 꿍꿍이래;

정동파에
친한 척하며
동맹 제안.

우리 **반남 박씨**들이 손잡고 조국의 자주 개화에 앞장서야 하지 않겠소이까?!
박영효
박정양
○○. 반다이 남코가 다시 흥하리다.

그리고 1895년 5월 중순,
갑신파–정동파 동맹은
갑오파 김홍집 정권에 대한
공격에 들어간다.

군부대신 조희연의 과거 원세개와의 친목질과 비리를 고발합니다!! 더불어 그 뒷배인 김홍집 총리도 책임지시오!
총리대신 김홍집
군부대신 조희연
○○! 책임지시오!
큿, 이 시국에 정치질을?!

아, 이게 주상의 뜻이었나;;
박박 내각 파이팅!
총리대신 박정양
총리대신 서리–내무대신 박영효

그렇게 5월 17일,
김홍집과 조희연의 사퇴로
2차 김홍집 내각이 무너지고
박정양–박영효 연합 내각이 성립된다.

탁지대신 어윤중 외무대신 김윤식

어윤중과 김윤식은
갑오파지만 그대로 유임.

뭐, 사실 갑오파라는 게 뚜렷한 정파성이나 결속력 같은 게 있는 건 아니었으니까.

갑신파

갑신정변 5흉 멤버
법무대신 서광범
갑신정변을 지지했던 신기선이 군부대신.
군부협판 이주회
군부대신 신기선
Very 친일파.
뭐, 박영효랑 아주 친한 건 아니지만…
갑신정변 참여는 안 했지만 몇 년간 가택연금을 당했죠.
내무협판 유길준

한 달 전에
《서유견문록》 출간.

정동파

정확하게는 근왕파지만, 이 즈음 대충 정동파로 분류되게 되었다.
농상공무대신 김가진
경무사 이윤용

미국물 먹은 사람들이
캐리해보자고!
미국 유학 귀국 후,
정동파에 합류.
학무대신
이완용
학무협판
윤치호

이대로 자주! 개화!
근대 입헌군주국
조선으로 간드아!!!
지옥에서
보고 있냐!
김옥균!!
KEY
HOLE

이 박박 내각의 총리대신은 박정양이었지만,
그 조각을 박영효가 맡았고,
실제로 박영효가 권력을 휘둘렀기에
박영효 내각이라고도 불렸으니.

원, 우리 사촌매제가
귀엽게 흥분했군요~ㅎ
조선 임금들의 필수 템
'환국' Key를 다시 임금에게
갖다 바친 거라는 걸 모르고~ㅎ

이걸로 1년간 빼앗겼던 왕권을
다시 회복하게 되는 거지요.
국제 정세와 국내 정세가 모두
맞아떨어지며.

한국

하지만 박영효는
10년 전 정변의 수괴.
왕권을 허수아비로 만들려던
인물이라는 걸 잊지 마소서.

일단, 박영효가 저리 나대서
내 정국 구상이
어그러졌단 말이지.

러시아를
믿으세요!

삼국간섭으로
증명된 러시아의 관심과
의지를 뒷배 삼고,

정동
Min
민

정동파와 우리 민씨 일족을
한 몸으로 만들어 정권을
꾸려가려 했는데.

박영효 저 인간이
정동파를 인터셉트해서
정동파-갑오파
연합 정권을 만들고 민씨네는
따시키는 형국이 되었다.

민씨네는 만악의
근원이여!!

정동
Min
민s

뭣보다 10년 전 갑신정변 때,
우리 민씨네 중추를 모조리
도륙했던 인간이니,
어찌 한 하늘을 이고 살 수
있다 말인가.

으음;; 저 아줌마는
날 싫어할 이유가
확실히 있지…

중전 마마의 살수에
걸려 잡히기 전에
이쪽의 수로 활로를 찾아야…
체스 둘 줄
아는 척하지 마라.
판 엎을 줄 밖에
모르는 놈이.

하하! 판을 엎는다면,
엎을 만한 무력이 있어야겠지요?
갑신정변의 교훈 덕분에
무력 확보가 얼마나 중요한지를
뼈에 새겼답니다.

군부대신, 군부협판직을
갑신파가 장악.
군부대신 신기선
군부협판 이주회

한편, 갑오개혁의
군제 개편을 통해
개설된 훈련대 1000명.
현재 서울 도성 內
유일한 근대식 무력.

이 훈련대를 통해 양성한 장교와
부사관이 이후 조선군의
중핵 씨앗이 될 것.
(되도록 친일 성향으로)

이 훈련대장에 중전의 심복을
앉혔으니 서울의 군권은 민씨네
손에 있다고 봐도 될 듯?

훈련대장 홍계훈

–이라고 중전마마께서
착각하고
계신 모양인데…
서울의 훈련대 병력
2개 대대는 훈련대장이
아닌 우리 대대장이
장악하고 있지요.

훈련대 1대대장 신응희　훈련대 2대대장 우범선

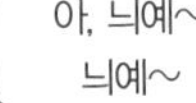

아, 글쎄 내가 동비놈들
토벌하러 가보니까,
장태라는 게 있는데 말이야~
아, 늬예~
늬예~

박영효의 수하인
이들 대대장은 훈련대장의
명을 따를 생각이 별로 없는 듯.

So, 훈련대 병력은
사실상 제 병력입니다만.
ㅇㅇ. 받고
시위대로 상대한다.
훈련대
시위대
잉? 무슨 시위요?

1895년 5월, 궁궐 수비대 역할을 할 시위대를
400여 병력으로 창설.

그 지휘관은 오랫동안
조선에서 군사를
조련해온 다이 장군.
이건 확실히 일본이나
역적들의 입김이
들지 않은 부대지.
시위대장
다이 장군
부관
세레딘사바틴
부령
현응택
건축가.
보빙사 민영익의
비서 출신.

궁궐의 왕실 친위군이라…
이건 좀 껄끄러운데;;;
걷어내야겠어;

…하여 조선 8도를 폐지하고,
23부로 개편토록 하겠습니다.
그리고
부·목·군·현의 잡다한 체제를
군으로 통일시키도록 합니다.
1895년 6월 25일.
음, 뭐, ㅇㅋ.
아, 그리고
지난 번에 깜빡한
안건이 있는데요.

도성 내 군 지휘 라인 일원화
방안에 따라, 궁궐 수비 병력도
훈련대 병력으로 통일하는 것이
좋을 듯하옵니다;;

……
흐음~

그건 기각.
……

남산 박영효 자택
크아알ㅏㅇㅀ아아앍!!!!

결국 바보같이 임금 앞에서 속을 다 까 보이고 말았다아아아!!!!

대체 왜 그리 생각 없이 경솔했지?!!?!?

이제 폐하는 내가 군사로 궁궐을 어찌해보겠다는 속셈 가득하다 여기실 터!!
뭐, 그야 전과가 있으니;;

이미 찍힌 이상, 달리 수가 없다!!!
내무협판 유길준

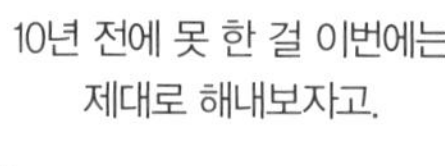
10년 전에 못 한 걸 이번에는
제대로 해내보자고.

우리 주상은 궁궐에 군사가
들이닥쳐야 쫄아서
말을 들으시는 분이니까.
늦기 전에 들이쳐서
민씨네 보스-
중전을 어떻게든!!!

제대로 혁명해서!
입헌군주제를 확고히 강요한다!
문명개화의 길을
무력으로라도 열어젖힌다!!
(이 양반은 진짜
갑신정변 2탄 찍을
생각밖에 없구나…)

(야바이… 야바이…)

제 19 장

불궤

1885년 7월, 내무협판 유길준은
박영효의 쿠데타 구상을 고변.

역모 신고는
113인가요;;

7월 6일, 궁에서
비상 회의 소집.

박영효가 훈련대로
궁을 들이친댄다.
어떻게들 생각하시오?
쿠데타 한 번
질렀던 인간이
두 번은
못 하겠습니까;
관상부터가 아주
역적 쌍판입니다.
사람 이름이
어떻게 0효.

소식을 접한 박영효는 7월 7일,
잽싸게 일본 공사관으로 ㅌㅌ.

아, 진짜
뭔 일 생기면
일본 공사관으로
튀지 좀 마쇼;;
아오오오;;
이번엔 뭐 질러
보지도 못하고
망했네;;;

서기관 스기무라

다시 일본 망명行.

그래도 10년 전에는
3일 천하였지만,
이번에는 두 달 천하였네…
이번에도 결국 다시
돌아올 것이다…

그렇게 '불궤사건'으로
박박 내각은 무너지고,
새롭게 내각이 구성되었으니.

ㅎㅎ~ 우리 김대감~ 이제는
왜놈들 얼굴마담이 아니라
과인의 충신이 되어주시오~
삼가
받들겠사옵니다~;;

김홍집을 다시 총리로 앉힌
3차 김홍집 내각은
실로 **정동파** 주축 근왕 내각.

정

내무대신에 박정양

박영효랑
손잡았던 건
단지 기술적 제휴
였을 뿐이라고요~

동

파

궁내대신에
이범진

근왕! 근왕!
근왕 머신!!!

군부대신에 안경수
농상공무대신에 김가진
저 친일파 아님요~! 정동파예요!

탁지대신에 심상훈
학부대신 이완용은 경무사까지 겸직.
갑신정변 때 왕비께 원세개의 쪽지 전달했던 그 배달부입니다요~

어어, 저도 갑신파 아니에요! 박영효랑 사이 나쁘거든요?!
저도 미국물 먹은 미국통이니 정동파로 분류해주세요~ㅎ 어차피 개나 소나 다 정동파 타이틀 다는 판에 ;;
갑신파에서 정동파로 갈아탄 서광범은 법무대신에 유임.

외무대신은 여전히 김윤식.
갑오개혁기 모든 내각에서 외무대신은 언제나 이 양반이 독점해오고 있다.
나도 몰랐는데, 외국인들 비위 맞춰주는 재능이 있더라고.

청일전쟁 개전과 함께, 친청파였던
민씨 척족들은 일본의 압력으로
모조리 실각하고 추방되었지요.
민영익 민영환 민영휘
자, 우리 민 Youngs~
이 고모님과 함께
근왕의 길로 나가세나~

그리고 민씨 척족들에 대한
大사면 복권 발령.

이러한 전개가
의미하는 바는-

Finally!!
경복궁 점령 사건 1년 만에!
일본과 친일 내각에
빼앗겼던 왕권을
완전히 수복했다!!!
민씨 파워도
개같이 부활!!

갑오개혁을 진행하며 권력을 차지했던
두 친일 정파는 몰락하게 되었고.

갑신파는
완전히 멸망.
갑오파는
임금의 발을
핥으며 연명.
갑신
갑오
정
민
친미·친러 정동파가
근왕 타이틀을 쥐고
정권의 중핵이 되었으며,
민씨 척족
부활.

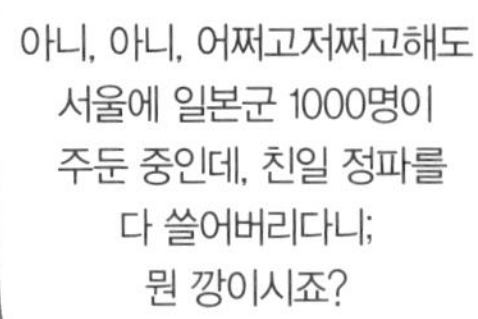
아니, 아니, 어쩌고저쩌고해도 서울에 일본군 1000명이 주둔 중인데, 친일 정파를 다 쓸어버리다니; 뭔 깡이시죠?

아, 그 부분은 삼국간섭으로 커버침~!

러시아가 극동에서 일본이 날뛰는 걸 보고만 있지 않는다는 확실한 시그널을 확인했으니!

지켜보고 있다.

아오오오오;;;

올ㅋ~

KEEP CALM
아아, 역시 베르나르 베ㄹ베르는 운명의 친한파 이름 같아요.
저희 새 차르와 새 정부는 시베리아 철도 관련해, 극동- 조선에 지대한 관심을 갖고 있답니다~

임금 부부는 러시아 공사관 사람들과 하루가 멀다고 커피 타임을 가지며 친목을 더해가고…

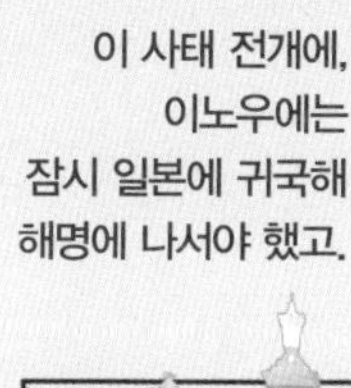

이 사태 전개에,
이노우에는
잠시 일본에 귀국해
해명에 나서야 했고.

…이노우에 씨의 조선 정치 컨트롤과 빚을 통한 보호국化 구상은 실패각?
아니, 외무성이 삼국간섭이라는 빅 똥을 제대로 못 피해서 이리된 거잖소이까?!
…그 똥물이 서울까지 닿지 못하게 차단하는 게 이노우에 씨의 일 아니었을까요?

아, 진짜, 조선 공사 바꾸려면 바꾸든가!
이제 변화된 환경에 맞게 다시 진행할 테니까 쫌만 기다려보소!
¥
…돈 보따리는 왜 맘대로 들고 가시는지?

7월, 서울에 돌아온 이노우에는 이제
조선 정치인들이 아닌 임금에게
직접 친목질을 시전.

어휴, 우리 대군주 폐하~ 지난번에 꿔가신 300만 엔은 상환 기간 10년 연장해드림요~
러톡~!
러톡~!
¥
그거 말고 이번에 또 300만 엔을 투자 형식으로, 꽁으로 드릴 수 있는 구상이 있는데요~
저 민씨네도 좋아해요~
…친한 척하려면 박영효 모가지나 가져오소.

아무래도 이노우에 씨의 조선 라인전은 망한 거 같지요?
슬슬 공사 교체하고 정책 전환할 타이밍인 것 같긴 합니다.
야권에서도 이제 조선 문제로 쪼아대고 있으니…

삼국간섭으로 처맞고 요동 뱉어내더니만, 이제는 조선에서까지 밀리냐?!
뭔 개하꼬짝 조선 정치 하나 장악을 못 해?!
LIBERAL
自

재야 운동권과 언론,
자유당, 의회 민의원 의원들의
정부 공격이야 새삼스러울 것 없지만,

의회 **귀족원**의 정부 공격은
그 데미지가 가볍지 않은 것이니.

황군 장병들의 피땀으로 일군 전과를 번벌 모리배놈들이 모조리 말아먹는구나!!

원래 귀족원은 정당 활동이
금지되어 있기에, 딱히 정파적
움직임이 없을 것 같지만-
PARTY
自
어휴, 귀족 타이틀 달고
어찌 저 천박한
정당 놀음을…

연구회
삼요회
갓경
좋아하시나요?
혐경 좀
지워주세요.

귀족원 내에서도 의원들이 성향에 따라
이런저런 동아리로 무리 짓게 마련이고.

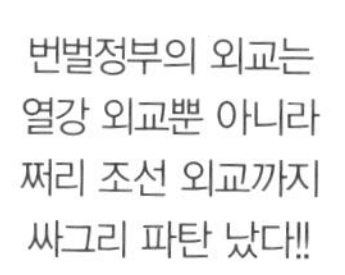
번벌정부의 외교는
열강 외교뿐 아니라
찌리 조선 외교까지
싸그리 파탄 났다!!

그중 다니 다테키 자작이 이끄는
삼요회의 대정부 공격이 날카로웠으니.

소가 스케노리
자작

다니 다테키
자작

이들은 다름 아닌 10년 전(14권), 육군 건설의 방향성을 두고 야마가타에게 맞섰던 월요회의 다니 중장과 소가 중장.

군에서 쫓겨난 후,
귀족원으로
자리를 옮겨 번벌 공격에
앞장서고 있지!
특히 야마가타
저 인간!!

그렇게 오늘도 대정부 공격은 이어지고.

거, 삼국간섭은 어쩔수 없다 쳐도,
조선에서 친일 내각이
무너지게 두는 건 어처구니없는
운영 미숙 아니오?!
하; 의사당에서
큰소리치는 거랑
실제 현장은 다르다고요…

뭔, 대안도 없이 그리
까기만 해서는 발전이…
대안이 …있소이다!

귀족원 내 야당 포지션인
나님의 물밑 라인은 재야의
여러 은거 고수와 책사에게
닿아 있소이다.

**자유당 과격파, 사족 반란 잔당,
청년 논객, 정치 유튜버 등등.**

그 라인의 지모를 총괄할
인재로 미우라 고로 자작을
추천드리는 바이오!
미우라 고로
(48세)

여기서…
재야의
미우라를?!
뭔가 기발한 걸
보여주려고 노력
하긴 하겠네…
뭐, 옛 정적이긴 하지만
조커 같이 요긴하게
쓸 수 있는 카드긴 하지.

워, 워, ㄴㄴㄴㄴ!!
조t커 같은 소리 말고,
좀 예측 가능한
근대 외교를 합시다.

**외무상 무쓰는
미우라 기용에 반대하지만,**

번벌 수뇌부는 미우라 기용을 결정.

임명장
니가 가라
서울!
음?

1895년 7월, 미우라가 조선 공사직에 내정된다.

이에 미우라는 정부에
對조선 거시 방략을 문의.

결국 거시적으로 정부는
조선을 어떻게
처리하려는 겁니까?

① 일본 단독으로 조선 점령?

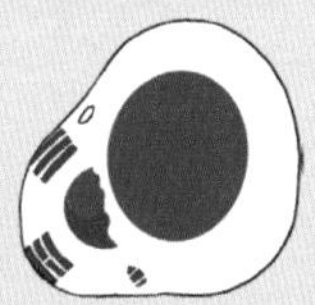

② 열강과의 공동 보호 체계 구축?

③ 러시아와의 충돌을 피해,
러시아와 조선 분할 점거?

이 문의에 대해 정부는 뚜렷한
답변을 내주지 않았고.

...
응, 답변 없으면
조선 공사 안 감.

미우라는 튕긴다.

미우라가 또라이긴 하지만,
분명 이 시점 조선에서
이쪽의 대국 구상을 위한
활로를 뚫기에는 적임자일 터.

이에 옛 정적
야마가타가 미우라를 방문.

정부의 답변은-

미우라 씨가 길잡이로서 트는 길이
그대로 정부가 가는 길이 될 것이오.

조선에서의 정략 전권을 보장함.

.....

엎든 썰든
부디 맘대로.

뭐, 그렇다면
불초의 부족한
공력, 아낄
도리가 없군요…

대충… 뭐,
쿠데타… 겠지?
…가서 러시아 공사
싸다구라도 한 대
갈겨주려나.
화끈하게
쾌도난마 큰 거
한 방…
난 이거
책임 없음.
반대했다고
분명히 기록함.
ㅇㅇ

1895년 9월 1일,
미우라 고로 신임 駐조선 공사 부임.

입국
ENTRANCE
TAX FRE
아아, 조선 날씨,
9월도 덥군요~
사냥이라든가, 야외 활동은
아직 철이 아니네요~

주요 사건 및 인물

주요 사건

우금치 전투

1차 봉기 이후 동학은 남도를 중심으로 착실히 세력을 넓혀간다. 한편 일본군은 청 본토를 향해 북진하고, 이 틈에 조선 정치판을 뒤엎을 생각 가득한 대원군은 은밀히 동학에 접촉, 서울 진공 시 협조의 뜻을 비친다. 이에 1894년 말 동학농민군은 재봉기, 남도에서 세를 규합한 다음 곧장 공주로 들이친다. 동, 서, 남의 세 방면에서 공주 진격을 시도한 동학농민군은 12월 5일 남쪽 길목인 우금치에서 대대적으로 관군-일본군 연합과 맞붙는다. 당시 동학농민군은 2만여 명으로 병력이 우세했지만 무장 상태는 변변찮았고, 반면 관군-일본군 연합은 2000여 명으로 수는 적었지만 스나이더 소총, 무라타 소총, 레밍턴 소총, 기관총, 야포 등의 최신 무장을 갖추고 있었다. 동학농민군은 50여 차례나 파상공격을 퍼붓지만 우금치를 뚫지 못하고, 결국 1만여 명의 전사자를 남기고 퇴각한다. 우금치 전투의 패배로 동학농민군 주력은 사실상 와해했고, 전봉준 등의 지도부는 도망자 신세가 된다.

청일전쟁 두 번째 국면

한반도에서 청군을 완전히 몰아낸 일본군은 1894년 10월 24일 압록강 도하 및 요동반도 상륙을 시작으로 중국 본토를 공략한다. 이로써 청일전쟁 두 번째 국면의 막이 열리니, 일본군의 첫 번째 목표는 청의 발해만 방어 거점인 뤼순-다롄과 위해위를 무력화하는 것. 당시 청군은 싸울 의지도 능력도 한참 떨어졌기에, 일본군은 파죽지세로 진격, 11월 7일에 다롄을, 11월 21일에 뤼순을 점령한다. 이로써 발해만 방어선의 한 축을 무너뜨린 일본군은 다음으로 위해위 공략에 나선다. 당시 위해위에는 북양함대가 틀어박혀 있었는데, 1895년 1월 인근 해안 포대를 장악한 일본군은 2월 5~6일 어뢰정으로 기뢰 수역을 돌파하는 특공 작전을 펼쳐 북양함대의 주요 함선들을 격침하는 데 성공한다. 이에 정여창 제독을 시작으로 위해위의 청군 지휘관들이 줄줄이 자결한 끝에 2월 15일 북양함대는 정식으로 일본군에 항복한다. 발해만 방어선을 완전히 무력화한 일본군은 3월을 맞아 요하 공세를 시작, 전쟁의 승리를 굳혀나간다.

시모노세키조약

청일전쟁에서 패배한 청은 1895년 3월 17일 이홍장을 강화 협상 전권대표로 임명한다. 그는 일본으로 떠나기 전 러시아와 모종의 합의를 하고, 한편 일본 또한 협상에서 유리한 고지를 차지하고자 무리해서 대만 바로 옆의 팽호섬을 점거한다. 서로 복선을 깔아둔 상태에서 시모노세키 회담이 진행되니, 청과 조선의 조공·책봉 관계 청산, 청의 영토 할양과 배상금 지불, 청·일 간 조약을 일본에 유리하게 개정하는 등의 안건을 놓고 논의가 이어진다. 요동 전체와 대만 할양을 요구하는 일본에 청 측이 난색을 보이는 와중인 24일, 청의 완전한 멸망을 주장하는 일본인 고

야마 도요타로가 이홍장을 저격하는 사건이 발생한다. 판이 깨질 걸 염려한 일본이 요동 할양 면적은 원안의 절반으로, 배상금은 3억 냥에서 2억 냥으로 깎으면서 협상 타결, 4월 17일 시모노세키조약이 체결된다.

삼국간섭

이홍장은 일본과 강화 협상에 나서기 전, 주청 러시아 공사 카시니를 만나 밀담을 나눈다. 이를 '이홍장-카시니 밀약'이라고 하는데, 전후 극동 정세에 러시아를 끌어들여 일본을 견제하려는 의도였다. 당시 러시아의 시베리아 철도 건설을 통한 극동 진출 구상하에서 만주는 매우 중요한 요충지였다. 이를 잘 알고 있던 이홍장은 일본의 만주 방면 세력 확장을 러시아가 억제해줄 것을 청하며 상응하는 보답을 약속한다. 러시아는 긍정적으로 반응하고, 러시아와 동맹을 맺은 프랑스 또한 보조를 맞추기로 한다. 아울러 러시아가 유럽이 아닌 극동에 관심을 돌리길 바랐던 독일 또한 일본 압박에 힘을 보태니, 이로써 러·불·독 삼국이 뜻을 합쳐 일본의 요동 병합에 제동을 건다. 1895년 4월 말부터 시작된 삼국의 강한 압박에 5월 4일 일본은 요동 병합을 포기하는 수모를 겪는다.

갑오개혁

한편 동아시아 정세가 급박히 돌아가는 와중인 1894년 말부터 조선은 근대화 개혁인 갑오경장에 매진한다. 개혁을 이끈 김홍집 내각은 민씨 정권 아래에서 오랫동안 온건하게 개화 정책을 추진한 갑오파와 갑신정변을 주도했던 갑신파로 구성되었다. 이들은 개혁을 주관하는 최고회의인 군국기무처에서 머리를 맞댔는데, 우선 왕실 관련 모든 기구를 궁내부로 통폐합해 군주의 영향력을 축소했다. 이어서 내무아문(행정), 외무아문(외교), 공무아문(공업), 농무아문(농업), 학무아문(학문), 탁지아문(재정), 군무아문(국방), 법무아문(사법)의 8아문으로 정부 조직을 개편했다. 하지만 정권 자체가 일본군의 경복궁 점령 결과로 구성된 데다가, 8아문 모두에 일본인 고문이 참여하는 등 갑오개혁은 그 자주성에 적잖은 한계를 지니고 있었다. 개혁의 가장 중요한 내용은 신분제 철폐와 재정 시스템 정비였는데, 전자는 민간에서 자리 잡기까지 시간이 많이 필요했고, 후자는 일본에서 차관을 들여와야 하는지라 역시 쉽지 않았다. 마침 삼국간섭으로 일본의 영향력이 축소되자, 러시아를 등에 업고 고종의 환심을 산 정동파가 부상하며 개혁 정국은 정쟁 국면으로 접어든다.

주요 인물

김개남 金開南

전봉준과 더불어 동학농민운동을 이끈 대표적인 지도자 중 한 명이다. 양반 집안은 아니었지만 나름 선비 대접을 받는 전라도의 중농 집안에서 태어난 그는 30대 초반에 동학에 입도한다. 출중한 지도력을 지닌 그는 곧 명망을 얻게 되고, 1894년 동학농민운동이 벌어지자 1000여 명의 병력을 이끌고 합류해 힘을 보탠다. 전주화약 이후에는 남원을 중심으로 세력을 다지는데, 반(反)봉건주의 성향이 강한 김개남의 지역 운영은 매우 급진적이고 과격한 양상을 보인다. 이 때문에 많은 양반에게 원한을 사게 된다. 2차 봉기 때 김개남은 전봉준의 주력에 합류하지 않고 따로 거병, 1894년 11월 11일 남원에서 출발해 여러 지방 수령을 처형하며 북진한다. 12월 5일 청주에 도달한 김개남의 동학농민군은 9일 관군-일본군 연합에 패배하고 흩어진다. 남원으로 돌아온 김개남은 12월 24일 지역 양반들이 이끄는 민병대의 공격으로 그곳에서 축출된다. 이후 태인에 몸을 숨겼으나 친구였던 임병찬의 신고로 체포된 김개남은 12월 29일 전주에서 전라감사 이도재에게 참수당한다.

이노우에 가오루 井上馨

조슈의 유신지사 출신인 이노우에 가오루는 메이지 유신에 혁혁한 공을 세운 원훈으로, 이토 히로부미, 야마가타 아리토모와 함께 조슈3존으로 불린다. 1876년 구로다 기요타카와 함께 내한해 강화도조약 체결에 참여하고, 1885년 1차 이토 내각에서 초대 외무대신을 맡는다. 이후 2차 이토 내각에서는 내무대신을 맡고 있다가, 1894년 10월 청일전쟁과 동학농민운동의 격류 속 조선에 전권공사로 부임한다. 대원군 퇴진과 동학농민운동 진압을 지휘한 이노우에의 다음 구상은 차관을 제공함으로써 조선을 일본의 돈줄로 옭아매 속국화하는 것. 1895년 3월 말 관련 협의에 따라 제공된 차관의 규모는 300만 엔(반은 지폐, 반은 은화)으로, 당시 일본의 1년 국가 예산이 8000만 엔이었던 점을 감안하면 상당한 액수였다. 하지만 그 직후 삼국간섭으로 서울에서 일본의 영향력이 감소하고 이노우에의 조선 정국 장악력이 의문시됨에 따라 전권공사 자리에서 물러나게 된다.

김홍집 金弘集

조선의 마지막 영의정이자 최초의 총리다. 온건 개화파로 갑오개혁을 이끌었다. 동학농민운동을 빌미로 청과 일본이 조선에서 충돌하자, 이를 중재하고 민심을 수습하는 과정에서 고종에게 개혁의 필요성을 역설한다. 이후 1894년 7월 일본이 내정간섭을 목적으로 세운 군국기무처를 이끌게 되니, 이를 1차 김홍집 내각이라 한다. 청일전쟁 초반, 일본의 간섭이 조금 덜한 시기에 김홍집 내각은 의욕적으로 각종 개혁 조치를 추진한다. 하지만 청일전쟁이 일본의 승리로 기울고, 이노우에가 공사로 부임하며 친일 성향의 갑신파가 국정에 등판한다. 이를 2차 김홍집 내각이라하며, 개혁 정국의 향방을 사실상 일본이 좌우하는 상황이 된다. 이후 삼국간섭으로 일본의 영향력이 감소하자 고종은 갑오개혁의 왕권 축소 조치들을 무위로 돌려 김홍집의 개혁 구상을 무산시킨다.

앙투아네트 손탁 Antoinette Sontag

손탁이 태어난 알자스로렌은 그녀가 출생할 당시에는 프랑스 땅이었다가 이후 독일에 병합된다. 그러면서 손탁도 독일 국적을 갖게 된다. 1885년 매부인 베베르가 러시아 공사로 조선에 부임할 때 함께 입국한다. 1886년 경복궁 양식 조리사로 임명되며 명성황후를 알현한다. 정동에 있던 손탁의 사택은 일종의 살롱으로서, 외국인들과 개화파 인사들이 관계를 맺고 정치 그룹을 형성하는 플랫폼 역할을 한다. 곧 이들이 정동파를 형성, 삼국간섭으로 일본의 영향력이 축소된 사이 고종의 환심을 사 정국의 핵심 세력으로 부상한다.

세르게이 비테 Sergei Witte

삼국간섭 당시 러시아의 재무상으로, 현실적인 실용주의자다. 철도 분야에서 경력을 쌓고 알렉산드르 3세에 의해 등용된다. 국가 주도 경제 개혁을 주창, 프랑스가 제공한 차관으로 시베리아 철도 건설에 진력한다. 아울러 많은 반대를 뚫고 금본위제를 도입해 국외 자본의 러시아 유입을 촉진한다. 이런 노력으로 비테의 재무상 재임 기간 러시아는 연평균 8퍼센트 이상의 경제 성장률을 기록한다. 삼국간섭 국면에서는 만주를 향한 일본의 야욕을 꿰뚫어 보고 적극적으로 견제할 것을 주장한다. 다만 무력이 아닌 외교와 협상을 통한 해결에 초점을 맞춘다. 또한 비테는 재무상으로서 국방비 긴축을 추진하기도 해, 러일전쟁 후 책임 소재를 따지는 이들에게 시달린다.